Glutenfreie Alpenküche

MAGDALENA STEGER

Glutenfreie Alpenküche

Lecker und traditionell:
Schlutzkrapfen, Knödel
und Kaiserschmarren

Genießen
mit Zöliakie
und Glutenunverträglichkeit

ATHESIA VERLAG

Brot

Hauptspeisen

Frittiertes

Schnitten, Kuchen, Torten

Kekse

Aufstriche & Dips

Grundrezepte

Vorwort

Als ich vor einigen Jahren die Diagnose Zöliakie erhielt, bedeutete dies, dass ich meine Ernährung von einem Tag auf den anderen umstellen musste. Die ersten Wochen und Monate waren recht verwirrend, weil ich einfach nicht wusste, was ich essen konnte. Vor allem war ich nicht gewohnt, die Liste der Ingredienzien auf den Lebensmittelpackungen zu studieren, geschweige denn, dass ich die unterschiedlichsten Bezeichnungen im Hinblick auf meine Unverträglichkeit richtig zu deuten wusste. Eine Zeit des Studierens, Fragens und Ausprobierens begann. Als gelernte Konditorin legte und lege ich Wert auf eine ausgewogene Ernährung und war von Anfang an entschlossen, nicht auf die traditionelle Südtiroler Küche zu verzichten.

Die Diagnose Zöliakie beflügelte mich zu neuen Kochexperimenten, und auch bei Fehlschlägen dachte ich nicht ans Aufgeben. Immer wieder begann ich von vorne, bis ich mit dem Ergebnis meiner Kochkünste zufrieden war. Andere Menschen mit Glutenunverträglichkeit baten mich um Tipps und freuten sich über die eine oder andere kulinarische Überraschung aus meiner Küche.

So war die Idee geboren, ein Kochbuch über die traditionelle Südtiroler Kost für Zöliakie-Betroffene zusammenzustellen. Laufend sammelte ich Rezepte, und über Versuch und Irrtum fand ich heraus, wie man traditionelle Südtiroler Gerichte und viele andere alpin-mediterrane Speisen glutenfrei zubereiten kann. Inzwischen ist aus der Idee Wirklichkeit geworden, und das Kochbuch liegt vor Ihnen.

Mit meinen Rezepten möchte ich allen Zöliakie-Betroffenen Mut machen und ihnen zeigen, dass man mit dieser Unverträglichkeit gut leben kann und nicht auf alles verzichten muss, was einem schmeckt.

Mit etwas Fantasie lassen sich abwechslungsreiche glutenfreie Gerichte kochen, die noch dazu auch ganz vorzüglich schmecken! Ich hoffe, dass mein Kochbuch vielen Menschen Freude bereitet und es vor allem bei Zöliakie-Betroffenen dazu beiträgt, ihre alten Lieblingsspeisen wieder neu zu entdecken.

Für die Unterstützung möchte ich all meinen Lieben danken.

Magdalena Steger

GLUTENFREI GENIESSEN

Verena Breitenberger
Ernährungstherapeutin, freiberufliche Tätigkeit in eigener Praxis
Referentin des Programmes „Essen außer Haus",
Italienische Zöliakievereinigung Südtirol

Die Diagnose Zöliakie und die dadurch erforderte lebenslange glutenfreie Ernährung stellt Betroffene ebenso wie ihre Familie und ihren Freundeskreis verständlicherweise vor große Herausforderungen. Die anfangs ungewohnte und vielleicht auch schwierige Ernährungsumstellung bewirkt jedoch schon bald eine Linderung der Symptome, eine Normalisierung der Darmschleimhaut, die Wiederaufnahme von Nährstoffen und dadurch eine wesentliche Verbesserung des körperlichen und gesundheitlichen Zustandes.

Mit glutenfreier Ernährung sollte erst dann begonnen werden, wenn durch entsprechende medizinische Untersuchungen eine definitive Diagnose vorliegt. Anderenfalls ist die Diagnose nicht aussagekräftig.

Für Zöliakie-Betroffene ist es aus gesundheitlichen Gründen **wichtig** und **richtig,** lebenslang eine strikte glutenfreie Ernährung zu befolgen, ohne sich zu sehr im Essalltag eingeschränkt zu fühlen. Für jene, die nicht an Zöliakie leiden und womöglich einem Modetrend folgen möchten, bringt es allerdings keinerlei Vorteile, auf Gluten zu verzichten.

Der glutenfreie Einkaufskorb

Schau genau! Gutes Essen beginnt bereits beim Einkauf und bei den richtigen Zutaten. Neben Gemüse, Salat, Hülsenfrüchten, Obst, Nüssen, tierischen Lebensmitteln wie Fleisch, Fisch, Eiern, Milchprodukten sowie pflanzlichen und tierischen Fetten gibt es ein großes Angebot an von **Natur aus glutenfreien Getreidesorten.** Mais, Reis, Hirse, Buchweizen – um nur einige zu nennen – bieten gute Alternativen zu glutenhaltigem Getreide, und mit einigen passenden Rezeptideen und etwas Kreativität lassen sich bekömmliche und leckere Gerichte zubereiten.

An dieser Stelle möchte ich betonen, dass Gluten kein lebensnotwendiger Nährstoff ist und einen geringen Nährwert besitzt. Ein Verzicht darauf sowie das richtige, abwechslungsreiche Zusammenspiel glutenfreier Lebensmittel machen ein ausgewogenes und abwechslungsreiches Essen und Trinken in Alltag und Familie durchwegs möglich.

Beim Einkauf von von Natur aus glutenfreien verarbeiteten Getreideprodukten (z. B. Buchweizenmehl) und anderen verarbeiteten bzw. verpackten Lebensmitteln reicht es nicht aus, nur die Zutatenliste unter die Lupe zu nehmen. Es ist unerlässlich, auch auf die **Kennzeichnung** der Lebensmittel zu achten und Etiketten zu studieren. Gluten dient nämlich nicht nur als Klebereiweiß in einigen Getreidesorten wie Weizen, Roggen und Produkten daraus, sondern auch als technologisches Hilfsmittel in der Lebensmittelindustrie. Es ist ein guter Träger für Aromastoffe, geliert, bindet Wasser, stabilisiert und kommt so auch in Lebensmitteln vor, wo Sie es sich vielleicht – gerade am Beginn der neuen Situation – nicht erwarten.

Bei verarbeiteten bzw. verpackten Lebensmitteln können Sie sich in jedem Fall verlassen auf:

- die Angabe/Aufschrift *„glutenfrei"* („senza glutine"): Sie garantiert, dass Gluten weder als Zutat noch als Zusatzstoff enthalten ist, und schließt ebenso das Risiko der Zufallskontamination aus;

- das *Symbol der durchgestrichenen Getreideähre:* Es ermöglicht Zöliakie-Betroffenen, geeignete Lebensmittel auf einen Blick zu erkennen, und bietet ebenso Sicherheit beim glutenfreien Einkauf;
- Produkte, welche im *Lebensmittelverzeichnis* „Prontuario degli alimenti" der italienischen Zöliakievereinigung AIC eingetragen sind. Es listet alle für Zöliakie-Betroffene geeigneten Lebensmittel auf, erscheint jährlich in gedruckter Form und ist ein wichtiger Einkaufsbegleiter. Dieses Lebensmittelhandbuch kann auch über die App AIC Mobile abgerufen werden, die eine digitale, stets aktualisierte und handlichere Ausführung bietet. (Ähnliche Listen gibt es auch in anderen Ländern.)

WICHTIG ZU WISSEN: Für den sicheren glutenfreien Einkaufskorb sollten Sie stets bedenken, dass Gluten nicht nur als Inhalts- und/oder Zusatzstoffe in Lebensmitteln vorkommt, sondern auch durch Verunreinigung (Kontamination) in verarbeitete bzw. industriell hergestellte Lebensmittel gelangen kann.

Neben von Natur aus glutenfreien Getreidesorten, Produkten daraus und abgepackten, gekennzeichneten Lebensmitteln können Sie auch sogenannte **Ersatzprodukte** wählen. Sie werden für Zöliakie-Betroffene mit geeigneten Zutaten unter Berücksichtigung der Zufallskontamination hergestellt, weisen keinen oder einen geringen Gehalt an Gluten (<20 ppm) auf und sind ebenso gekennzeichnet. Sofern im italienischen Register der glutenfreien Lebensmittel eingetragen, sind sie in Apotheken oder einigen Supermärkten kostenlos mit dem monatlichen Gutschein erhältlich.

Solche Ersatzprodukte wie glutenfreie Nudeln oder Backwaren enthalten des Öfteren mehrere Zutaten und auch Zusatzstoffe, um die Eigenschaften des Klebereiweißes Gluten zu ersetzen. Sie sind für Sie durchwegs eine Alter-

native bzw. eine Möglichkeit im glutenfreien Alltag, sollten jedoch aus meiner ernährungstherapeutischen Sicht „so wenig wie möglich und so viel wie nötig" eingeplant werden. Geeigneter sind die Auswahl und Vielfalt der von Natur aus glutenfreien Lebensmittel und Produkte.

Eins, zwei oder drei? Lebensmittel werden für Sie in drei Gruppen eingeteilt:

1. **ERLAUBTE LEBENSMITTEL** sind glutenfrei und somit geeignet. Bei der Herstellung besteht kein Risiko der Verunreinigung.
2. **RISKANTE LEBENSMITTEL** können Gluten als Inhalts- und/oder Zusatzstoffe enthalten bzw. bei ihrer Herstellung mit Gluten verunreinigt worden sein. Vor dem Verzehr müssen Sie genau überprüfen (Kennzeichnung), ob sie für Sie geeignet sind.
3. **VERBOTENE LEBENSMITTEL** enthalten Gluten.

Das detaillierte Verzeichnis der einzelnen erlaubten, riskanten und verbotenen Lebensmittelgruppen gibt es zum Nachlesen auf der Internetseite der Italienischen Zöliakievereinigung.

An die Töpfe, fertig, los!

Mit dem glutenfreien Einkaufskorb geht es nun ans Kochen in die Küche. Dort sollten Sie ein paar einfache Grundregeln beachten:

- Organisieren Sie Ihren Küchen- und Vorratsschrank neu und trennen Sie glutenhaltige Lebensmittel strikt von glutenfreien Lebensmitteln.
- Seien Sie darauf bedacht, vor dem Kochen oder Backen die Hände gründlich zu waschen, Arbeitsflächen sorgfältig zu reinigen und glutenfreie Produkte/Speisen nur auf saubere Oberflächen zu legen. Um eine eventuelle Verunreinigung zu vermeiden, können Sie auch Backpapier als Unterlage verwenden.
- Zum Kochen und Frittieren glutenfreier Speisen stets eigenes Öl und/oder Wasser verwenden.

Viele Gerichte und einzelne Zutaten lassen sich gut glutenfrei verändern. So kann die ganze

Familie genießen. Und mit ein paar zusätzlichen Küchengehilfen wird Kochen wahrlich zum Kinderspiel!

1. **GUTER PLAN**
   Erstellen Sie einen Wochenplan. So können Sie Ihren Einkauf besser gestalten, alle nötigen Zutaten sind im Haus, und es herrscht Abwechslung, Vielfalt und Farbe am Teller.
2. **VORARBEIT LOHNT SICH**
   Suppen, Eintöpfe und Beilagen wie Reis, Kartoffeln und Hirse eignen sich gut zum Vorkochen und bleiben im Kühlschrank für einige Tage frisch. In einem Arbeitsvorgang werden mehrere Portionen vorbereitet oder für den nächsten Tag vorgekocht. Ein Hoch auf das gute alte, neue *Meal prep!*
3. **AUF EIS GELEGT**
   Tiefkühlware auf Vorrat kaufen. Naturbelassenes Gemüse, Hülsenfrüchte oder Fisch aus dem Tiefkühlregal enthalten mindestens so viele und gute Nährstoffe wie Frischware. Und wer freut sich nach einem langen Arbeitstag nicht auf eine schnelle, gute Küche. Der Handgriff ins gut sortierte Tiefkühlfach mit allerlei selbst gemachten Gerichten lohnt sich.

Gutes für den Darm

Schon gewusst? Im Dickdarm leben und tummeln sich eine Fülle unterschiedlicher, nützlicher **Darmbakterien.** Sie verdrängen Krankheitserreger, trainieren unser Immunsystem, bilden Hormone sowie Vitamine und sind dienliche Helfer bei der Nahrungsverwertung. Damit diese „guten" Darmbakterien im Gleichgewicht bleiben und sich von krankmachenden nicht verdrängen lassen, ist es besonders für Ihren Darm wichtig, ihn mit Milchsäurebakterien zu füttern. Dies gelingt mit gesäuerten Milchprodukten wie Joghurt, Kefir, Buttermilch und herbstlichem Sauerkraut.

Literaturnachweis
Italienische Zöliakievereinigung: Gut essen ohne Gluten. Praxisleitfaden Zöliakie. Genua: Italienische Zöliakievereinigung Onlus. Copyright ©2018

Auch **Ballaststoffe** (Faserstoffe, Pflanzenfasern) halten den Darm im wahrsten Sinne auf Trab und dienen den Darmbakterien als Nahrung. Noch dazu vermitteln sie ein höheres

Sättigungsgefühl und lassen den Blutzucker nach dem Essen langsamer ansteigen. Somit sind sie kein „Ballast" für unseren Körper, sondern erfüllen wichtige Aufgaben. Ballaststoffe stecken in der Schale von pflanzlichen Lebensmitteln wie Getreide und Getreideprodukten, Gemüse, Salat, Hülsenfrüchten und Obst. Bei unserer täglichen Lebensmittelauswahl sollten wir pflanzliche Nahrungsmittel darum bewusst und reichlich einplanen.

Und: Die Jause in der wohlverdienten Arbeits- oder Lernpause sorgt nicht nur für einen bewegten Darm, sondern schenkt uns Energie für zwischendurch und verbessert unsere Leistungsfähigkeit. Da wir alle unterschiedliche Tagesabläufe und Essgewohnheiten haben, ist es ratsam, dem persönlichen Mahlzeitenrhythmus nachzugehen und ihn – so gut wie möglich – beizubehalten. So bleiben nicht nur wir, sondern auch unser Darm im Rhythmus.

Steter Tropfen höhlt den Stein

Die Ernährungsumstellung und der Start ins glutenfreie Leben gehen mit einem unausweichlichen Veränderungsprozess einher. Dieser Weg wird leichter, wenn Sie sich diesem Ziel allmählich, in kleinen Schritten, mit etwas Zeit und Geduld freudvoll nähern.

Seit einigen Jahren berate und begleite ich Zöliakie-Betroffene und ihre Familien. In dieser Zeit durfte ich viele Eindrücke, Emotionen und Erfahrungen sammeln. Ich glaube, verstanden zu haben, dass es kein „glutenfreies Patentrezept" braucht, um mit Zöliakie gewissenhaft, aber dennoch gelassen und sorglos umzugehen.

Mögen meine Anregungen und Ausführungen Ihnen eine Portion Leichtigkeit, eine Handvoll Freude und eine Prise Neugierde schenken.

In diesem Sinne: Genussvolles glutenfreies Gelingen!

PRAKTISCHE HINWEISE DER AUTORIN

Damit Sie bei der Zubereitung der Gerichte viel Freude haben, gebe ich Ihnen im Folgenden einige nützliche Tipps und Tricks zum guten Gelingen! Es ist mir außerdem auch wichtig, für die Problematik einer Kontaminierung mit glutenhaltigem Mehl zu sensibilisieren. All jene, die nicht durch Glutenunverträglichkeit betroffen sind, verstehen nach einem Studium dieses Buches, wie schnell ein kleiner Fehler das Essen für Zöliakie-Betroffene ungenießbar machen kann.

Das müssen Sie bei der glutenfreien Küche beachten!

- Achten Sie bei **Staubzucker** immer darauf, dass er nicht mit glutenhaltiger Stärke gestreckt ist.
- **Mehle** wie Buchweizen, Mais, Braunhirse dürfen nicht mit glutenhaltigem Getreide kontaminiert sein. Ebenso gilt Vorsicht bei Nüssen, Backpulver, Vanillezucker, Marmelade usw.
- Vor der Zubereitung glutenfreier Mahlzeiten ist auf **gründliche Sauberkeit** von jeglichen Arbeitsflächen, Küchenutensilien wie Kochlöffel, Schneidebretter, Kochtöpfe usw. streng zu achten.
- Schneidebretter und Kochlöffel sollten aus **Kunststoff** sein, da in den hölzernen Brettern und Löffeln in den Fugen glutenhaltige Rückstände bleiben könnten.
- Kuchenformen, Backbleche, Nudelhölzer, Nudelbretter usw. sollten vor dem Gebrauch in der glutenfreien Küche **sauber gereinigt** werden, oder es sollten solche nur für die glutenfreie Küche gekauft werden.
- Ebenso ist es ratsam, **Nudelmaschinen, Waffeleisen, Toaster** usw. nur für die glutenfreien Lebensmittel zu verwenden.
- Butter, Marmelade, Schokoaufstriche usw. sollten auch alle **separat gekennzeichnet** im Zöliakiehaushalt vorhanden sein. So vermeidet man, dass von diesen Lebensmitteln glutenhaltige Brote bestrichen werden.
- **Bewahren** Sie glutenfreie Lebensmittel streng von glutenhaltigen Lebensmitteln entfernt auf.

Hinweise

Tipps & Tricks in der Küche

- Stellen Sie beim **Brotbacken** eine feuerfeste Schüssel mit Wasser in den Backofen, so wird das Brot saftiger.
- Um zu testen, ob das **Brot durchgebacken** ist, klopfen Sie auf die Unterseite des Brotes, wenn es hohl klingt, ist das Brot fertig gebacken.
- Für täglich **frisches Brot** nehmen Sie den Brotlaib etwa 10 Minuten vor Backende aus dem Backofen, lassen ihn auskühlen, geben ihn in einen Gefrierbeutel und frieren den Laib ein. Bei Bedarf das gefrorene Brot bei 180 Grad im vorgeheizten Backofen etwa 15 Minuten backen lassen.
- **Hefe** in nicht zu heißer Flüssigkeit auflösen, weil sie sonst abstirbt und der Teig nicht aufgeht. Ideal ist eine Temperatur von 35 Grad.
- Bei Kuchen und Torten immer das **Mehl** und das **Backpulver sieben,** so entstehen keine Klumpen und der Kuchen wird feinporiger.
- Um zu testen, ob der **Kuchen durchgebacken** ist, stechen Sie mit einem Zahnstocher in den Kuchen. Wenn kein Teig hängen bleibt, ist der Kuchen fertig.
- Bei **Süßspeisen** geben Sie immer eine Prise Salz dazu, dadurch werden die Geschmacksknospen angeregt.
- Achten Sie beim Aufschlagen von **Eiweiß** darauf, dass die Schüssel sauber ist. Sind Fettrückstände in der Schüssel, wird das Eiweiß nicht steif. Mit einer Prise Salz lässt sich das Eiweiß besonders gut aufschlagen.
- **Vanillezucker** kann man auch selbst machen, dazu legen Sie eine Vanilleschote (kann auch eine ausgekratzte Vanilleschote sein) in ein Glas mit Haushaltszucker. Der Zucker bekommt so ein feines Vanillearoma.
- Für selbst gemachtes **Kräutersalz** hacken Sie beliebige Kräuter (auch Wildkräuter) sehr fein und vermischen sie mit Salz (1:1). Das Kräuter-Salz-Gemisch auf einem Backblech verteilen und im Backofen bei etwa 40 Grad Heißluft etwa 1–1½ Stunden trocknen lassen.

Praktische Anleitungen zu den Rezepten

Personenanzahl

Alle Rezepte sind, wenn nicht anders angegeben, als Stückzahl oder für 2 Personen berechnet. Bedenken Sie, ob das Gericht als Hauptspeise oder innerhalb einer Menüfolge serviert wird.

Maße und Gewichte

l	Liter
ml	Milliliter
kg	Kilogramm
g	Gramm
EL	Esslöffel
TL	Teelöffel
Msp.	Messerspitze
Pkg.	Packung

„(siehe Rezepte Seite 00)"

Bei einigen Rezepten finden Sie den Hinweis auf einfache Basisrezepte. Diese werden im Buch auf den Seiten 182–189 angeführt, um die einzelnen Rezepte so einfach wie möglich darzustellen.

Gute Organisation beim Kochen ist wichtig

Das Kochen mit dem Buch ist nicht primär eine Frage des Könnens, sondern vielmehr der guten Organisation. Folgende Punkte sollten Sie, neben der absoluten Reinlichkeit, beachten:

1. Lesen Sie das Rezept vor dem Kochstart gut durch und stellen Sie die Geräte und Zutaten bereit.
2. Teilen Sie sich die Zeit gut ein. Während zum Beispiel Kartoffeln kochen, können Sie bereits weitere Schritte verfolgen.
3. Herd, Grill oder Backofen vorheizen, das spart Zeit.
4. Sobald Sie ein Rezept schon mehrfach gekocht haben, können Sie Ihrer Kreativität freien Lauf lassen. Sie werden staunen, wie Sie mit unterschiedlichen Gewürzen und Zutaten neue Rezeptkreationen schaffen!

Einkauf und Lagerung

Eine gute Auswahl an glutenfreien Produkten finden Sie in erster Linie in Apotheken. Aber immer mehr Supermarktketten entdecken die Zielgruppe der Allergiker für sich und bieten mittlerweile ein annehmbares Angebot.

Die Lagerung ist das A und O in der Küche!

Meist wohnen Personen mit und ohne Allergien in einem Haushalt, und da gilt es speziell für Zöliakie-Betroffene, dass höchste Sauberkeit geboten ist. Lagern Sie glutenfreie Produkte immer entfernt von glutenhaltigen. Sollte dies nicht möglich sein, muss darauf geachtet werden, dass die glutenfreien Produkte räumlich über den glutenhaltigen lagern. Sollte nämlich z. B. Mehl aus der Packung stauben, werden die glutenfreien Produkte nicht kontaminiert. Eine trockene und dunkle Lagerung von Mehlen, Nudeln und anderen Produkten versteht sich von selbst.

Schon seit 1981 sind wir bei Schär der Ansicht, dass gemeinsame Mahlzeiten uns näher zusammenbringen.

Wir finden, dass jeder Mensch seinen Platz am Esstisch hat. Und genau wie du haben wir großen Spaß daran, zusammen zu kochen und zu backen, so dass sich alle gleich wie zu Hause fühlen.

Mit unseren leckeren Produkten aus hochwertigen Zutaten kannst du dich ausgewogen glutenfrei ernähren und musst dabei auf nichts verzichten.

Und schon wird glutenfreier Genuss zum Highlight deines Tages. Und wenn wir dir ein Stück Freude am Essen wiedergeben können, dann geben wir nur zu gerne **das Beste von uns**.

BREATLAN

für 2 Stück
etwa 1 Stunde + Ruhezeit
einfach

Zutaten

10 g **Trockenhefe**
450 ml **lauwarmes Wasser**
1 Prise **Zucker**
250 g **Mix B von Schär**
50 g **Braunhirsemehl**
50 g **Buchweizenmehl**
30 g **Sojamehl**
10 g **Kastanienmehl**
10 g **Erdmandelmehl**
je 1 EL **Fenchelsamen, Kümmel, Anis, Brotklee,** fein gemahlen
15 g **Salz**

Zubereitung

- Trockenhefe, 50 ml Wasser und Zucker gut verrühren und etwas gehen lassen.
- In einer Schüssel alle Mehle, Gewürze, Salz und das Hefe-Wasser-Gemisch mit dem restlichen Wasser etwa **5 Minuten** zu einem geschmeidigen Teig verkneten. Diesen zugedeckt an einem warmen Ort gehen lassen.
- Nach etwa **1 Stunde** den Teig nochmals durchkneten und daraus zwei Breatlan formen.
- Auf ein mit Backpapier belegtes Backblech setzen und im vorgeheizten Backofen bei **200 Grad** etwa **30 Minuten** backen.

Tipp

- Achten Sie darauf, dass Braunhirse-, Buchweizen-, Soja-, Kastanien- und Erdmandelmehl nicht mit glutenhaltigem Getreide kontaminiert sind und die Trockenhefe glutenfrei ist.

VOLLKORNBROT

für 9 Stück
etwa 1 Stunde + Ruhezeit
einfach

Zutaten

450 ml **lauwarmes Wasser**
10 g **Trockenhefe**
1 Prise **Zucker**
250 g **Mix B von Schär**
50 g **Sojamehl**
50 g **Braunhirsemehl**
50 g **Buchweizenmehl**
10 g **Kastanienmehl**
50 g **Körner** (z.B. Sonnenblumen, Sesam, Leinsamen)
1 TL **Koriander,** gemahlen
1 TL **Kümmel,** gemahlen
1 TL **Anis,** gemahlen
1 TL **Fenchel,** gemahlen
2 EL **Brotklee**
Salz

Zubereitung

- 50 ml Wasser, Trockenhefe und Zucker gut verrühren und etwas gehen lassen.
- In einer Schüssel alle Mehle, Gewürze, Körner und Salz verrühren. Mit dem Hefe-Wasser-Gemisch und dem restlichen Wasser rasch zu einem Teig verkneten. Diesen etwa **5 Minuten** kneten.
- Abgedeckt an einem warmen Ort etwa **1 Stunde** gehen lassen.
- Den Teig nochmals durchkneten und daraus neun Brötchen formen. Diese auf ein mit Backpapier belegtes Backblech setzen, mit Wasser bestreichen und mit Körnern bestreuen.
- Im vorgeheizten Backofen bei **200 Grad** etwa **30 Minuten** backen.

Tipp

- Achten Sie darauf, dass Soja-, Braunhirse-, Buchweizen-, Kastanienmehl und Körner nicht mit glutenhaltigem Getreide kontaminiert sind.

BROTHÖRNCHEN

für 9 Stück
etwa 1¼ Stunden + Ruhezeit
etwas aufwändig

Zutaten
250 ml **Milch**
25 g **frische Hefe**
1 Prise **Zucker**
500 g **helles, glutenfreies Brotmehl**
120 ml **Öl**
Salz

Weiteres
Milch zum Bestreichen

Zubereitung

- Milch leicht erwärmen, Hefe und Zucker darin gut verrühren.
- In einer Schüssel Mehl, Öl und Salz mit dem Hefe-Milch-Gemisch etwa **5 Minuten** zu einem geschmeidigen Teig verkneten. Diesen zugedeckt **1 Stunde** gehen lassen.
- Den Teig nochmals durchkneten und in neun gleich große Stücke teilen.
- Mit einem Nudelholz die Teigstücke etwas länglich ausrollen, zu Hörnchen einrollen und auf ein mit Backpapier belegtes Backblech setzen.
- Die Brothörnchen abgedeckt nochmals etwa **20 Minuten** gehen lassen.
- Mit Milch bestreichen und im vorgeheizten Backofen bei **200 Grad** etwa **20 Minuten** goldgelb backen.

Tipp

- Achten Sie darauf, dass die frische Hefe glutenfrei ist.

HAFERBROT

für 1 Kastenform
etwa 1¼ Stunden + Ruhezeit
einfach

Zutaten
350 ml **lauwarmes Wasser**
10 g **Trockenhefe**
1 Prise **Zucker**
100 g **Mix B von Schär**
100 g **Braunhirsemehl**
100 g **Buchweizenmehl**
100 g **Haferflocken**
1 EL **Brotgewürz**
Salz

Zubereitung

- Wasser, Hefe und Zucker verrühren und etwas gehen lassen.
- In einer Schüssel alle Mehle, Haferflocken, Brotgewürz und Salz mit dem Hefe-Wasser-Gemisch etwa **5 Minuten** zu einem geschmeidigen Teig verkneten.
- Den Teig in eine Kastenform geben und zugedeckt an einem warmen Ort für **30 Minuten** gehen lassen.
- Das Brot im vorgeheizten Backofen bei **175 Grad** etwa **1 Stunde** backen, aus der Form schneiden und gut auskühlen lassen.

KNÄCKEBROT

für 1 Kastenform
etwa 1¼ Stunden + Ruhezeit
einfach

Zutaten
100 g **Buchweizenmehl**
80 g **Haferflocken**
20 g **Amaranthmehl**
20 g **gepufften Reis**
100 g **gemischte Körner**
(Sonnenblumen, Leinsamen usw.)
20 g **Mohn**
35 g **Samenöl**
250 g **Wasser**
Salz
1 EL **Brotgewürz**

Zubereitung

- Alle Zutaten gut zu einer breiigen Masse vermischen und für **20 Minuten** quellen lassen.
- Die Masse gleichmäßig auf ein Backblech streichen und im vorgeheizten Backofen bei **160 Grad** etwa **25 Minuten** backen.
- Herausnehmen und in Stücke schneiden. Die Kräcker für weitere **25 Minuten** backen.
- Gut auskühlen lassen und in einer Dose aufbewahren.

Tipp

- Das Amaranthmehl kann man auch durch Quinoamehl ersetzen.

LAUGENBROT

für 8 Stück
etwa 1 ¼ Stunden + Ruhezeit
einfach

Teig
400 ml **lauwarmes Wasser**
10 g **Trockenhefe**
1 Prise **Zucker**
450 g **glutenfreies Brotmehl**
1 EL **Öl**
Salz

Lauge
250 ml **Wasser**
3 TL **Natron**
2 TL **Salz**

Zubereitung

- 50 ml Wasser, Trockenhefe und Zucker gut verrühren und etwas gehen lassen.
- Das Hefe-Wasser-Gemisch mit Mehl, Salz und Öl zu einem Teig verkneten. Diesen etwa **5 Minuten** kneten und abgedeckt an einem warmen Ort etwa **1 Stunde** gehen lassen.
- Den Teig nochmals kneten und daraus etwa acht Brötchen formen.
- Für die Lauge Wasser, Salz und Natron einmal aufkochen.
- Die geformten Brötchen auf beiden Seiten in die Lauge tauchen, auf ein mit Backpapier belegtes Backblech setzen und mit einem scharfen Messer einschneiden.
- Die Laugenbrötchen noch einmal kurz gehen lassen und im vorgeheizten Backofen bei **200 Grad** etwa **20 Minuten** backen.

Tipps

- Achten Sie darauf, dass die Trockenhefe glutenfrei ist.
- Sie können das Messer vor dem Einschneiden der Brötchen mit etwas Olivenöl einfetten.

FOCACCIA

für 1 Backblech
etwa 1 Stunde + Ruhezeit
einfach

Zutaten

60 g **Oliven**
10 **Kapern**
7 **getrocknete Tomaten**
10 g **Trockenhefe**
1 Prise **Zucker**
350 ml **lauwarmes Wasser**
400 g **helles, glutenfreies Brotmehl**
2 EL **Olivenöl**
Salz
1 EL **Thymian**
1 EL **Rosmarin**
1 EL **Oregano**

Weiteres

3 EL **Olivenöl**
Rosmarin, Thymian, Oregano zum Bestreuen

Zubereitung

- Oliven, Kapern und getrocknete Tomaten klein schneiden.
- Trockenhefe mit 50 ml Wasser und Zucker verrühren und etwas gehen lassen.
- In einer Schüssel Oliven, Kapern, Tomaten, Hefe-Wasser-Gemisch, Mehl, Olivenöl, Salz, Thymian, Rosmarin, Oregano und das restliche Wasser zu einem Teig verkneten. Diesen etwa **5 Minuten** kneten.
- Den Teig abgedeckt an einem warmen Ort gehen lassen.
- Den Teig nochmals durchkneten und 1 cm dick (in Blechgröße) ausrollen.
- Das Backblech etwas einölen und den Teig daraufgeben. Mit Olivenöl bestreichen, mit Kräutern bestreuen und abgedeckt etwa **20 Minuten** gehen lassen.
- Im vorgeheizten Backofen bei **180 Grad** etwa **25 Minuten** backen, auskühlen lassen und in beliebig große Stücke schneiden.

Tipps

- Achten Sie darauf, dass die Trockenhefe glutenfrei ist.
- Sie können die Focaccia auch nur mit Kräutern machen.
- Servieren Sie zu der Focaccia einen gemischten Salat oder eine heiße Suppe.

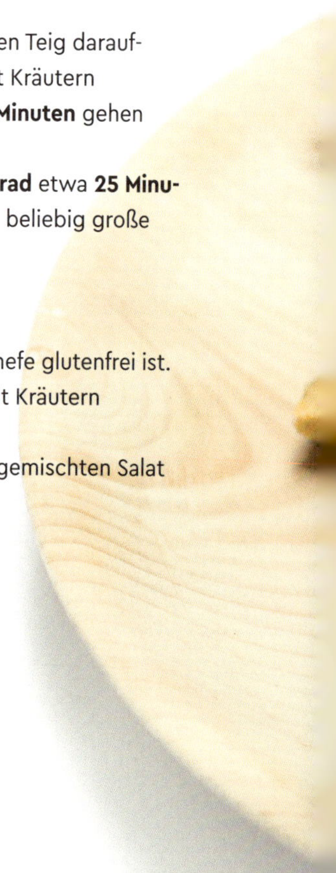

TOMATENBROT

für 6 Stück
etwa 1¼ Stunden + Ruhezeit
einfach

Zutaten

350 ml **lauwarmes Wasser**
10 g **Trockenhefe**
1 Prise **Zucker**
400 g **helles, glutenfreies Brotmehl**
60 g **Tomatenmark**
1 TL **Oregano**
Salz

Weiteres

Wasser zum Bestreichen
Kräutersalz zum Bestreuen

Zubereitung

- 50 ml Wasser mit Trockenhefe und Zucker gut verrühren und etwas gehen lassen.
- In einer Schüssel Mehl mit Tomatenmark, Oregano, Salz, Hefe-Wasser-Gemisch und dem restlichen Wasser zu einem Teig verkneten. Diesen etwa **5 Minuten** kneten.
- Den Teig zugedeckt etwa **1 Stunde** gehen lassen.
- Den Teig nochmals kneten und in sechs gleich große Teile teilen, diese zu 2 cm dicken Strängen rollen und zu einer Schnecke formen.
- Diese auf ein mit Backpapier belegtes Backblech setzen und zugedeckt **15 Minuten** gehen lassen.
- Anschließend mit Wasser bestreichen, mit Kräutersalz bestreuen und im vorgeheizten Backofen bei **200 Grad** etwa **25 Minuten** backen.

Tipp

- Achten Sie darauf, dass die Trockenhefe glutenfrei ist.

ZUCCHINIBROT

für 8 Stück
etwa 1½ Stunden + Ruhezeit
etwas aufwändig

Zutaten
30 g **Zwiebeln**
1 **Knoblauchzehe**
1 EL **Öl**
100 g **Zucchini,** grob geraspelt
1 TL **Thymian**
400 ml **lauwarme Milch**
10 g **Trockenhefe**
1 Prise **Zucker**
400 g **helles, glutenfreies Brotmehl**
100 g **Buchweizenmehl**
30 g **Sonnenblumenkerne**
Salz
Pfeffer

Zubereitung

- Zwiebel und Knoblauch fein hacken und in Olivenöl dünsten.
- Zucchini und Thymian dazugeben und etwas mitdünsten. Mit Salz und Pfeffer abschmecken.
- Milch, Trockenhefe und Zucker gut verrühren und etwas gehen lassen.
- In einer Schüssel Mehl, Buchweizenmehl, Sonnenblumenkerne, 1 Prise Salz und Zucchinigemüse vermischen. Mit dem Milch-Hefe-Gemisch etwa **5 Minuten** zu einem geschmeidigen Teig verkneten.
- Den Teig abgedeckt an einem warmen Ort etwa **1 Stunde** gehen lassen.
- Den Teig nochmals durchkneten, in acht Stücke teilen und diese zu runden Brötchen formen. Auf ein mit Backpapier belegtes Backblech setzen und nochmals etwa **15 Minuten** gehen lassen.
- Die Brötchen vor dem Backen mit Wasser bestreichen und im vorgeheizten Backofen bei **200 Grad** etwa **20 Minuten** backen.

Tipps

- Achten Sie darauf, dass die Trockenhefe glutenfrei ist und Buchweizenmehl und Sonnenblumenkerne nicht mit glutenhaltigem Getreide kontaminiert sind.
- Zucchinibrot passt hervorragend zu Salaten.

KÜRBISBROT

für 10 Stück
etwa 1 Stunde + Ruhezeit
einfach

Zutaten

150 ml **lauwarmes Wasser**
1 **Trockenhefe**
1 Prise **Zucker**
500 g **gedünsteter Kürbis,** püriert
350 g **helles, glutenfreies Brotmehl**
Salz

Zubereitung

- 50 ml Wasser, Trockenhefe und Zucker gut verrühren und etwas gehen lassen.
- Kürbispüree, Mehl, Salz, Hefe-Wasser-Gemisch und restliches Wasser **etwa 5 Minuten** zu einem geschmeidigen Teig verkneten.
- Den Teig abgedeckt an einem warmen Ort etwa **1 Stunde** gehen lassen, nochmals kneten und zehn beliebig große Brötchen formen.
- Auf ein mit Backpapier belegtes Backblech setzen und nochmals **15 Minuten** gehen lassen.
- Die Brötchen mit Wasser bestreichen und im vorgeheizten Backofen bei **200 Grad** etwa **30 Minuten** backen.

Tipp

- Achten Sie darauf, dass die Trockenhefe glutenfrei ist.

GEMÜSEBROT

für etwa 8 Stück
etwa 50 Minuten + Ruhezeit
einfach

Zutaten

10 g **Trockenhefe**
250 ml **Wasser**
1 Prise **Zucker**
150 g **helles, glutenfreies Brotmehl**
50 g **Teffmehl**
20 g **Quinoamehl**
20 g **Hafermehl**
10 g **Kürbiskerne**
60 g **Kürbis,** grob geraspelt
1 EL **Brotgewürz**
5 g **Salz**
1 TL **Agavendicksaft**
1 EL **Sonnenblumenöl**

Zubereitung

- Trockenhefe mit 50 ml lauwarmem Wasser und Zucker verrühren und etwas gehen lassen.
- Alle Zutaten mit dem Hefe-Wasser-Gemisch und dem restlichen Wasser rasch zu einem geschmeidigen Teig kneten.
- Den Teig abgedeckt an einem warmen Ort etwa **1 Stunde** gehen lassen, nochmals kneten und beliebige Brötchen formen.
- Im vorgeheizten Backofen bei **200 Grad** etwa **40 Minuten** backen.

ZWIEBELBROT

für 1 Kastenform
etwa 1¼ Stunden + Ruhezeit
einfach

Zutaten
130 g **Zwiebeln**
250 ml **lauwarmes Wasser**
10 g **Trockenhefe**
1 Prise **Zucker**
300 g **glutenfreies Brotmehl**
20 g **Sesam**
1 EL **Olivenöl**
Salz

Weiteres
Öl zum Anbraten der Zwiebeln
Öl zum Einfetten der Kastenform

Zubereitung

- Zwiebeln schälen und in kleine Würfel schneiden.
- In einer Pfanne Öl erhitzen und Zwiebelwürfel darin leicht anrösten.
- 50 ml Wasser mit Trockenhefe und Zucker gut verrühren und etwas gehen lassen.
- In einer Schüssel Mehl, Sesam, Olivenöl, Hefe-Wasser-Gemisch, Zwiebeln und das restliche Wasser etwa **5 Minuten** verkneten.
- Den Teig abgedeckt an einem warmen Ort etwa **1 Stunde** gehen lassen.
- Kastenform mit Öl einfetten. Teig nochmals durchkneten, zu einem kastenformgroßen Strang rollen und diesen in die Form geben. Abgedeckt **20–25 Minuten** gehen lassen.
- Anschließend im vorgeheizten Backofen bei **180 Grad** etwa **35 Minuten** backen.

Tipps

- Achten Sie darauf, dass die Trockenhefe glutenfrei und der Sesam nicht mit glutenhaltigem Getreide kontaminiert ist.
- Verwenden Sie anstelle der Zwiebeln klein geschnittenen, gedünsteten Radicchio.

KARTOFFELBROT

für 8 Stück
etwa 1½ Stunden + Ruhezeit
etwas aufwändig

Zutaten

300 g **Kartoffeln**
150 ml **Buttermilch**
200 ml **lauwarmes Wasser**
25 g **frische Hefe**
1 Prise **Zucker**
350 g **Mix B von Schär**
50 g **Sonnenblumenkerne**
1 TL **Kümmel**
Salz

Weiteres

Wasser zum Bestreichen
Sonnenblumenkerne zum Bestreuen

Zubereitung

- Kartoffeln schälen, in kleine Stücke schneiden und in Salzwasser gar kochen.
- Kartoffeln abseihen, ausdampfen lassen und durch die Kartoffelpresse drücken.
- Buttermilch zu den Kartoffeln geben und gut verrühren.
- 50 ml lauwarmes Wasser mit Hefe und Zucker verrühren und etwas gehen lassen.
- In einer Schüssel Kartoffeln, Mehl, Sonnenblumenkerne, Kümmel, Salz und das restliche Wasser mit dem Hefe-Wasser-Gemisch etwa **5 Minuten** zu einem geschmeidigen Teig verkneten.
- Diesen abgedeckt an einem warmen Ort etwa **1 Stunde** gehen lassen.
- Den Teig nochmals durchkneten, in acht Stücke teilen, daraus Stränge und dann Ringe formen. Auf ein mit Backpapier belegtes Backblech geben, abgedeckt etwa **30 Minuten** gehen lassen.
- Die Ringe mit Wasser bestreichen, Sonnenblumenkerne darüberstreuen und im vorgeheizten Backofen bei **200 Grad** etwa **20 Minuten** backen.

Tipp

- Achten Sie darauf, dass die frische Hefe glutenfrei ist und die Sonnenblumenkerne nicht mit glutenhaltigem Getreide kontaminiert sind.

PIADINA

für 4 Stück
etwa 30 Minuten + Ruhezeit
einfach

Zutaten
160 ml **lauwarme Milch**
1 TL **Trockenhefe**
1 Prise **Zucker**
200 g **helles, glutenfreies Brotmehl**
40 g **Buchweizenmehl**
1 EL **Olivenöl**
Salz

Zubereitung

- Milch, Trockenhefe und Zucker gut verrühren.
- Mehl, Buchweizenmehl, Olivenöl und Salz mit dem Hefe-Milch-Gemisch etwa **5 Minuten** zu einem geschmeidigen Teig verkneten. Diesen zugedeckt etwa **1 Stunde** gehen lassen.

Fertigstellung

- Den Teig in vier Stücke teilen, diese zu Kugeln formen und mit dem Nudelholz zu 5 mm dicken runden Fladen ausrollen.
- Die Fladen in einer beschichteten Pfanne bei mittlerer Hitze auf beiden Seiten etwa **1 Minute** backen, bis sie an manchen Stellen gebräunt sind.

Tipps

- Achten Sie darauf, dass das Buchweizenmehl nicht mit glutenhaltigem Getreide kontaminiert und die Trockenhefe glutenfrei ist.
- Füllen Sie die Piadina mit Rohschinken und Mozzarella.

PIZZASCHNECKEN

für etwa 10 Stück
etwa 1 Stunde + Ruhezeit
einfach

Zutaten

250 g **Pizzateig** (siehe Seite 188)
1 **Mozzarella**
2 EL **Mais**
100 g **Schinken**
120 ml **Tomaten aus der Dose** (Pelati)
1 TL **Oregano**
Salz

Zubereitung

- Den Pizzateig zu einem Rechteck ausrollen und mit Tomaten bestreichen.
- Mozzarella in kleine Würfel schneiden, zusammen mit Mais und Schinken gleichmäßig auf dem Pizzaboden verteilen, mit Oregano bestreuen und mit Salz würzen.
- Den Pizzaboden einrollen und davon mit einem scharfen Messer 2 cm dicke Scheiben abschneiden.
- Die Scheiben leicht flach drücken, auf ein mit Backpapier belegtes Backblech setzen und im vorgeheizten Backofen bei **180 Grad** etwa **15 Minuten** backen.

Tipps

- Achten Sie darauf, dass der Schinken glutenfrei ist.
- Servieren Sie die Pizzaschnecken bei Kindergeburtstagsfeiern.

FRÜCHTEBROT

für 1 Stück
etwa 1¼ Stunden + Ruhezeit
einfach

Zutaten

80 g **getrocknete Feigen**
20 g **Sultaninen**
50 g **Haselnüsse,** grob gehackt
200 ml **lauwarmes Wasser**
10 g **Trockenhefe**
1 Prise **Zucker**
150 g **helles, glutenfreies Brotmehl**
30 g **Braunhirsemehl**
20 g **Buchweizenmehl**
Salz

Zubereitung

- Feigen in kleine Würfel schneiden, mit Sultaninen und Haselnüssen vermischen.
- 50 ml Wasser mit Trockenhefe und Zucker gut verrühren, etwas gehen lassen.
- In einer Schüssel alle Mehle, Trockenfrüchte, Salz und das Hefe-Wasser-Gemisch mit dem restlichen Wasser etwa **5 Minuten** zu einem geschmeidigen Teig verkneten. Diesen zugedeckt etwa **1 Stunde** gehen lassen.
- Den Teig nochmals durchkneten, daraus ein Brot formen und auf ein mit Backpapier belegtes Backblech setzen.
- Zugedeckt etwa 15 Minuten gehen lassen und im vorgeheizten Backofen bei **200 Grad** etwa **35 Minuten** backen.

Tipp

- Achten Sie darauf, dass Feigen, Sultaninen, Haselnüsse, Braunhirse- und Buchweizenmehl nicht mit glutenhaltigem Getreide kontaminiert sind und die Trockenhefe glutenfrei ist.

ZELTEN

für 8 kleine Zelten
etwa 2 Stunden + Marinierzeit
etwas aufwändig

Zutaten

600 g **getrocknete Feigen,** klein geschnitten
240 g **Sultaninen und Rosinen**
300 g **Nüsse** (Mandeln, Walnüsse, Erdnüsse), gehackt
60 g **Pinoli**
80 g **Zitronat und Orangeat**
2 TL **Zimt**
2 TL **Neugewürz**
1 TL **Nelkenpulver**

Marinade

50 ml **Rum**
80 ml **Kaffee**
3 EL **Honig**

Brotteig

10 g **Trockenhefe**
250 ml **lauwarmes Wasser**
1 Prise **Zucker**
120 g **helles, glutenfreies Brotmehl**
100 g **Buchweizenmehl**
80 g **Braunhirsemehl**
Salz

Weiteres

geschälte Mandeln und Walnüsse zum Verzieren
Honigwasser (1:1) zum Bestreichen

Vorbereitung

- Trockenfrüchte, Nüsse und Gewürze in einer Schüssel mit der Marinade gut vermischen. Alles über Nacht marinieren lassen.

Brotteig

- Trockenhefe, Wasser und Zucker gut verrühren und etwas gehen lassen.
- Alle Mehle und Salz in einer Schüssel mit dem Hefe-Wasser-Gemisch etwa **5 Minuten** zu einem geschmeidigen Teig verkneten. Diesen an einem warmen Ort etwa **1 Stunde** gehen lassen.

Fertigstellung

- Die marinierten Früchte zum Brotteig geben und gut verkneten.
- Aus dem Teig acht kleine Zelten formen, diese auf ein mit Backpapier belegtes Backblech setzen und abgedeckt etwa **15 Minuten** gehen lassen.
- Die Zelten mit geschälten Mandeln und Walnüssen verzieren und im vorgeheizten Backofen bei **160 Grad** etwa **40 Minuten** backen.
- Während des Backvorganges die Zelten mehrmals mit Honigwasser bestreichen.
- Die fertig gebackenen Zelten gut auskühlen lassen und dann in Klarsichtfolie wickeln.

Tipp

- Achten Sie darauf, dass Trockenfrüchte, Nüsse, Trockenhefe, Buchweizenmehl und Braunhirsemehl nicht mit glutenhaltigem Getreide kontaminiert sind.

PRESSKNÖDEL

für 6 Stück
etwa 1 Stunde
einfach

Zutaten
25 g **Zwiebeln**
1 EL **Olivenöl**
100 g **reifen Graukäse**
80 ml **Milch**
1 **Ei**
20 g **glutenfreies Mehl**
1 EL **Schnittlauch,** geschnitten
Salz
120 g **glutenfreies Knödelbrot**

Weiteres
Öl zum Braten
etwas Rübenkraut

Zubereitung

- Zwiebel schälen, klein schneiden und in Olivenöl anbraten.
- Graukäse in kleine Würfel schneiden. Milch erwärmen und die Hälfte des Käses darin schmelzen.
- Zusammen mit Zwiebelwürfeln, Ei, Mehl, Schnittlauch, Salz und dem restlichen Käse zum Knödelbrot geben. Alles so lange zu einem Teig verkneten, bis er gut zusammenhält.
- Aus dem Teig mit nassen Händen Knödel formen und diese flach drücken.
- In einer Pfanne Öl erhitzen und die Knödel auf beiden Seiten dunkelbraun braten.
- Pressknödel in Salzwasser etwa **15 Minuten** leicht köcheln lassen.
- Auf Tellern mit Rübenkraut anrichten und servieren.

Variation

- **Kasnocken:** Verwenden Sie anstelle von Graukäse einen würzigen Schnittkäse. Formen Sie die Knödel zu Nocken, übergießen Sie diese mit brauner Butter, und streuen Sie geriebenen Parmesan darüber.

Tipps

- Servieren Sie die Pressknödel in einer Suppe oder mit einem Krautsalat.
- Für das Knödelbrot verwenden Sie glutenfreies, in kleine Würfel geschnittenes Weißbrot (Toastbrot, Baguette), welches im Backofen bei 180 Grad geröstet wird.

SPINATKNÖDEL

für 6 Stück
etwa 1 Stunde + Ruhezeit
einfach

Zutaten

100 g **gekochter Spinat**
40 g **Zwiebeln**
1 **Knoblauchzehe**
150 g **glutenfreies Knödelbrot**
50 g **helles, glutenfreies Mehl**
1 **Ei**
30 ml **Milch**
Salz
Pfeffer

Weiteres

Öl zum Anbraten
braune Butter
Parmesan zum Bestreuen

Zubereitung

- Spinat mit dem Pürierstab fein pürieren.
- Zwiebel und Knoblauch in kleine Würfel schneiden und in einer Pfanne weich dünsten.
- In einer Schüssel Spinat, Zwiebel- und Knoblauchwürfel, Knödelbrot, Mehl, Ei und Milch gut zu einem Teig verkneten, mit Salz und Pfeffer würzen.
- Den Teig etwa **15 Minuten** ruhen lassen.
- Mit feuchten Händen aus der Masse Knödel formen.
- Im leicht kochenden Salzwasser etwa **20 Minuten** köcheln lassen.
- Die Knödel auf Tellern anrichten, mit Parmesan bestreuen und mit brauner Butter übergießen.

Variationen

- **Speckknödel:** Anstelle von Spinat verwenden Sie 80 g klein geschnittenen Speck.
- **Rohnenknödel:** Anstelle von Spinat verwenden Sie 100 g Rohnenpüree.

GRAUKÄSEBÄLLCHEN

für 2 Personen
etwa 1½ Stunden
einfach

Zutaten
175 g **mehlige Kartoffeln**
1 **Eigelb**
50 g **Graukäse,** etwas gereift
60 g **Universalmehl**
1 Msp. **Muskatnuss**
Salz

Weiteres
40 g **Zwiebeln**
1 **Knoblauchzehe**
1 EL **Olivenöl**
200 g **gekochter Spinat**
Salz
Pfeffer
Muskatnuss
Parmesan, gerieben
Olivenöl

Zubereitung

- Kartoffeln in Salzwasser gar kochen, abseihen und etwas ausdampfen lassen. Kartoffeln noch heiß durch die Kartoffelpresse drücken, mit Eigelb vermischen und auskühlen lassen.
- Graukäse in eine Schüssel geben und im warmen Wasserbad schmelzen lassen. Mit Mehl, Muskatnuss und Salz zur Kartoffelmasse geben und alles zu einem Teig verkneten.
- Den Teig in etwa zehn gleich große Stücke teilen und daraus Bällchen rollen.
- Die Graukäsebällchen in reichlich Salzwasser etwa **6 Minuten** leicht köcheln lassen.
- Zwiebel und Knoblauch klein schneiden und in Olivenöl leicht anbraten.
- Spinat grob hacken, dazugeben und etwas mitdünsten. Mit Salz, Pfeffer und Muskatnuss würzen.
- Spinat auf Tellern anrichten, die Graukäsebällchen daraufgeben, mit Parmesan bestreuen und mit Olivenöl beträufeln.

GNOCCHI MIT TOMATENSAUCE

für 2 Personen
etwa 1½ Stunden
etwa aufwändig

Gnocchi
220 g **mehlige Kartoffeln**
1 **Eigelb**
1 Msp. **Muskatnuss**
60 g **glutenfreies Nudelmehl**
Salz

Tomatensauce
40 g **Zwiebeln**
1 **Knoblauchzehe**
1 EL **Olivenöl**
250 ml **Tomaten aus der Dose** (Pelati)
Salz
Pfeffer
1 EL **Petersilie,** gehackt

Weiteres
Parmesan, gerieben

Gnocchi

- Kartoffeln schälen und in Salzwasser gar kochen, abseihen und etwas ausdampfen lassen.
- Kartoffeln noch heiß durch die Kartoffelpresse drücken, mit Eigelb und Muskatnuss vermischen und auskühlen lassen.
- Mehl und Salz zur Kartoffelmasse geben, zu einem Teig verkneten und daraus 1 cm dicke Stränge rollen. Davon kleine Stücke abschneiden, zu Kugeln formen und über den Rücken einer Gabel rollen.

Tomatensauce

- Zwiebel und Knoblauch klein schneiden und in Olivenöl dünsten.
- Tomaten dazugeben und etwa **20 Minuten** leicht köcheln lassen.
- Tomatensauce mit Salz und Pfeffer würzen. Zum Schluss mit Petersilie verfeinern.

Fertigstellung

- Die Gnocchi im köchelnden Salzwasser etwa **3 Minuten** gar kochen.
- Mit einer Schaumkelle herausheben und in der Tomatensauce schwenken. Auf Tellern anrichten, mit Parmesan bestreuen und servieren.

KÜRBIS-KARTOFFEL-NUDELN

für 2 Personen
etwa 1½ Stunden
etwas aufwändig

Zutaten
250 g **Kürbis**
150 g **mehlige Kartoffeln**
1 **Eigelb**
200 g **glutenfreies Nudelmehl**
1 Msp. **Muskatnuss**
Salz

Weiteres
braune Butter
Petersilie, fein geschnitten
Parmesan, gerieben

Zubereitung

- Kürbis und Kartoffeln klein schneiden und im kochenden Salzwasser gar kochen. Abseihen und bei niedriger Hitze und geschlossenem Kochtopf etwas ausdampfen lassen.
- Kartoffeln und Kürbis noch heiß durch eine Kartoffelpresse drücken, mit Eigelb vermischen und auskühlen lassen.
- Mehl, Muskatnuss und Salz zur Kürbis-Kartoffel-Masse geben und zu einem Teig verkneten.
- Aus dem Teig 1 cm dicke Stränge formen, davon kleine Stücke abschneiden und diese erst zu Kugeln und dann zu länglichen Nudeln rollen.
- In einem Kochtopf reichlich gesalzenes Wasser aufkochen, die Nudeln etwa **3 Minuten** darin kochen lassen und abseihen.
- Die Nudeln auf Tellern anrichten, mit brauner Butter übergießen, mit Petersilie und Parmesan bestreuen und servieren.

KÜRBIS-SCHLUTZKRAPFEN

für 2 Personen
etwa 2 Stunden + Ruhezeit
etwas aufwändig

Teig
250 g **glutenfreies Nudelmehl**
2 **Eier**
1 EL **Olivenöl**
5 g **Salz**
50 ml **Wasser**

Füllung
400 g **gedünsteter Kürbis**
250 g **Ricotta**
100 g **Parmesan**
Salz
Pfeffer

Weiteres
braune Butter
Parmesan, gerieben
Petersilie, fein gehackt

Teig

- In einer Schüssel Mehl, Eier, Olivenöl, Salz und Wasser rasch zu einem Teig verkneten.
- Den Teig in eine Klarsichtfolie wickeln und etwa **30 Minuten** kalt stellen.

Füllung

- Kürbis mit dem Pürierstab fein pürieren, mit Ricotta und Parmesan verrühren und mit Salz und Pfeffer würzen.

Fertigstellung

- Den Teig mit der Nudelmaschine dünn ausrollen (Stufe 5).
- Mit einem Ausstecher (7 cm Ø) Kreise ausstechen.
- Die Kürbisfüllung in einen Spritzsack füllen und in die Mitte der Kreise spritzen.
- Kreise zu Halbmonden zusammenfalten und die Ränder gut zusammendrücken.
- Die Schlutzkrapfen in kochendem Salzwasser etwa **2 Minuten** bissfest kochen und mithilfe einer Schaumkelle herausnehmen.
- Mit brauner Butter übergießen und mit Parmesan und Petersilie servieren.

Variation

- **Spinat-Schlutzkrapfen:** Füllen Sie den Teig mit einer Spinatfüllung. Dazu vermischen Sie 100 g gekochten, passierten Spinat, 20 g gedünstete Zwiebeln, 150 g Topfen, 1 Msp. Muskatnuss, Salz und Pfeffer.

BANDNUDELN MIT TOMATENPESTO

für 2 Personen
etwa 1 Stunde + Ruhezeit
etwas aufwändig

Nudelteig

80 g **gekochte Kartoffeln**
200 g **glutenfreies Nudelmehl**
2 EL **Polentamehl**
2 **Eier**
40 ml **Wasser**
1 EL **Olivenöl**
Salz

Tomatenpesto

7 **getrocknete Tomaten**
1 **Knoblauchzehe**
1 EL **geröstete Pinoli**
1 EL **Sesam**
1 EL **Petersilie,** fein gehackt
50 ml **Olivenöl**
Salz
Pfeffer

Weiteres

Parmesan, gerieben

Nudelteig

- Kartoffeln noch heiß durch die Kartoffelpresse drücken.
- Mit Mehl, Polentamehl, Eiern, Wasser, Öl und Salz zu einem Teig verkneten, diesen in eine Klarsichtfolie wickeln und etwa **15 Minuten** kalt stellen.

Tomatenpesto

- Tomaten, Knoblauchzehe, Pinoli und Sesam mit einem Mixer oder Pürierstab fein pürieren.
- Olivenöl dazugeben, gut umrühren und mit Salz und Pfeffer würzen.

Fertigstellung

- Teig mithilfe der Nudelmaschine dünn ausrollen (Stufe 5) und durch die Bandnudelrollen laufen lassen.
- Bandnudeln auf einem mit Mehl bestaubten Küchentuch verteilen.
- In einem Kochtopf reichlich gesalzenes Wasser aufkochen und die Nudeln darin etwa **3 Minuten** bissfest kochen.
- Nudeln abseihen und noch heiß mit dem Tomatenpesto vermischen. Auf Tellern anrichten, mit Parmesan bestreuen und servieren.

Tipps

- Achten Sie darauf, dass Polenta, Pinoli und Sesam nicht mit glutenhaltigem Getreide kontaminiert sind.
- Sie können zu den Bandnudeln auch eine Tomatensauce oder ein selbst gemachtes Ragù servieren.

OMELETTEN MIT SPINATFÜLLUNG

für 2 Personen
etwa 30 Minuten + Ruhezeit
einfach

Teig
2 **Eier**
100 g **Universalmehl**
160 ml **Milch**
1 Prise **Salz**

Füllung
½ **Zwiebel**
1 **Knoblauchzehe**
1 EL **Olivenöl**
400 g **gekochter Spinat,** passiert
60 ml **Sahne**
30 g **Parmesan,** gerieben
1 Msp. **Muskatnuss**
Salz
Pfeffer

Weiteres
Butter zum Anbraten
Parmesan, gerieben

Teig
- Eier mit Mehl glatt rühren, Milch und Salz unterrühren.
- Den Teig etwa **30 Minuten** ruhen lassen.

Füllung
- Zwiebel und Knoblauch klein schneiden und in Öl glasig dünsten.
- Spinat dazugeben und mitdünsten.
- Mit Sahne, Parmesan, Salz, Pfeffer und Muskatnuss abschmecken.

Fertigstellung
- In einer Stielpfanne Butter erhitzen, etwas Teig hineingeben und gleichmäßig verlaufen lassen. Auf beiden Seiten goldgelb backen.
- Die Omeletten mit Spinat füllen, aufrollen und mit geriebenem Parmesan servieren.

Variation
- **Omeletten mit Preiselbeermarmelade:** Füllen Sie die Omeletten mit Preiselbeer- oder einer anderen Marmelade, und lassen Sie den geriebenen Parmesan weg.

Tipps
- Achten Sie darauf, dass die Preiselbeermarmelade glutenfrei ist.
- Bei Laktoseintoleranz ersetzen Sie die Milch durch Mineralwasser.

KARTOFFELPUFFER

für 2 Personen
etwa 20 Minuten
einfach

Zutaten
250 g **mehlige Kartoffeln**
2 **Eier**
1 EL **Buchweizenmehl**
1 Msp. **Muskatnuss**
Salz
Pfeffer

Weiteres
Öl zum Braten

Zubereitung

- Rohe Kartoffeln waschen, schälen, fein reiben und in ein Stofftuch geben, um das Wasser der Kartoffeln auszudrücken.
- Kartoffeln, Eier, Buchweizenmehl und Muskatnuss zu einer Masse vermischen. Mit Salz und Pfeffer würzen.
- In einer Stielpfanne etwas Öl erhitzen, die Masse portionsweise hineingeben, zu kleinen Fladen verstreichen und diese auf beiden Seiten etwa **3 Minuten** goldgelb braten.
- Kartoffelpuffer auf Küchenkrepp abtropfen lassen und auf Tellern anrichten.

Tipps

- Achten Sie darauf, dass das Buchweizenmehl nicht mit glutenhaltigem Getreide kontaminiert ist.
- Servieren Sie zu den Kartoffelpuffern einen Sauerrahm-Joghurt-Dip oder Apfelmus.

HIRSELAIBCHEN

für 2 Personen
etwa 1 Stunde
einfach

Zutaten

60 g **Hirse**
1 **Ei**
50 g **Karotten,** geraspelt
50 g **Zucchini,** geraspelt
20 g **Lauch,** klein geschnitten
2 EL **gekochte Erbsen**
1 **Knoblauchzehe,** gehackt
20 g **Buchweizenmehl**
1 TL **Senf**
Salz
Pfeffer

Weiteres

Öl zum Braten
200 ml **Tomatensauce**

Zubereitung

- Hirse in Salzwasser mit geschlossenem Deckel nach Packungsanweisung leicht köcheln lassen, noch heiß mit dem Ei vermischen und auskühlen lassen.
- Karotten, Zucchini, Lauch, Erbsen, Knoblauch, Buchweizenmehl und Senf zur Hirse geben und alles gut verkneten. Mit Salz und Pfeffer würzen.
- Aus der Masse mit feuchten Händen etwa sechs Hirselaibchen formen.
- Die Tomatensauce in einem Kochtopf erhitzen und bereitstellen.
- In einer Pfanne etwas Öl erhitzen und die Laibchen darin auf beiden Seiten etwa **2 Minuten** braten.
- Die heiße Tomatensauce auf Teller geben, die Hirselaibchen daraufsetzen und servieren.

Tipp

- Achten Sie darauf, dass Hirse und Buchweizenmehl nicht mit glutenhaltigem Getreide kontaminiert sind.

ZUCCHINIBOOTE

für 2 Personen
etwa 1½ Stunden
einfach

Zutaten
100 g **Quinoa**
½ **Zwiebel**
1 **Knoblauchzehe**
30 g **getrocknete Tomaten,** in kleine Würfel geschnitten
50 g **Feta,** in kleine Würfel geschnitten
1 EL **Olivenöl**
30 g **Oliven,** entsteint und in kleine Würfel geschnitten
10 g **Kapern**
Thymian
Salz
Pfeffer
4 **kleine Zucchini**

Weiteres
Parmesan, gerieben

Zubereitung

- Quinoa in Salzwasser nach Packungsanweisung kochen und auskühlen lassen.
- Zwiebel und Knoblauch klein schneiden und in einer Pfanne weich dünsten.
- In einer Schüssel Quinoa, Zwiebel- und Knoblauchwürfel, getrocknete Tomaten, Feta, Olivenöl, Oliven, Kapern und Thymian gut vermischen.
- Mit Salz und Pfeffer würzen.
- Zucchini waschen und in der Mitte waagerecht durchschneiden. Mit einem Teelöffel Fruchtfleisch etwas aushöhlen.
- Quinoamischung auf den Zucchinihälften verteilen und etwas andrücken. Mit grob geriebenem Parmesan bestreuen.
- Zucchiniboote in eine eingefettete Form geben und im vorgeheizten Backofen bei **180 Grad** etwa **40 Minuten** garen und noch warm servieren.

Tipps

- Achten Sie darauf, dass Quinoa oder Hirse nicht mit glutenhaltigem Getreide kontaminiert sind.
- Servieren Sie zu den Zucchinibooten eine Tomatensauce.
- Anstelle von Quinoa eignet sich auch Hirse.

GEMÜSESTRUDEL

für 1 Strudel
etwa 1½ Stunden + Ruhezeit
einfach

Füllung
1 **mittelgroßer Zucchino**
2 **Karotten**
½ **Fenchelknolle**
1 **rote oder gelbe Peperoni**
2 EL **Mais**
1 EL **Olivenöl**
Salz
Pfeffer

Weiteres
300 g **Strudelteig** (siehe Seite 186)
100 g **Schinken**
1 **Mozzarella,** in Scheiben geschnitten
1 **verquirltes Ei**

Zubereitung

- Zucchino, Karotten, Fenchel und Peperoni in kleine Würfel schneiden.
- Zusammen mit Mais in Olivenöl weich dünsten, mit Salz und Pfeffer würzen.
- Den Strudelteig zu einem Rechteck ausrollen, Schinken in der Mitte darauflegen und Gemüse gleichmäßig auf dem Teig verteilen. Mozzarellascheiben auf das Gemüse legen.
- Die Teigränder mit verquirltem Ei bestreichen und übereinanderklappen.
- Den Strudel auf ein mit Backpapier belegtes Backblech geben, mit Ei bestreichen und im vorgeheizten Backofen bei **180 Grad** etwa **25 Minuten** backen.

Variationen

- **Sauerkrautstrudel:** Füllen Sie den Strudel mit gedünstetem Sauerkraut.
- **Spinat-Feta-Strudel:** Füllen Sie den Strudel mit gedünstetem Spinat und Fetakäse.

Tipps

- Servieren Sie den Strudel mit einer Tomatensauce oder einem Sauerrahm-Joghurt-Dip (siehe Seite 179).
- Achten Sie darauf, dass der Schinken glutenfrei ist.

SPINATSPATZLAN

für 2 Personen
etwa 1 Stunde + Ruhezeit
einfach

Teig
60 g **Spinat**
100 ml **Milch**
1 **Ei**
1 Msp. **Muskatnuss**
125 g **glutenfreies Nudelmehl**
Salz

Rahmsauce
50 g **Schinken**
150 ml **Sahne**
2 EL **Parmesan,** gerieben
Salz
Pfeffer

Weiteres
Öl zum Anbraten des Schinkens
Parmesan, gerieben

Teig

- Spinat waschen und mit dem Pürierstab fein pürieren.
- Spinat, Milch, Ei und Muskatnuss mit einem Schneebesen vermischen.
- Mehl und Salz dazugeben und alles zu einem Teig verrühren.
- Den Teig etwa **10 Minuten** ruhen lassen.

Rahmsauce

- Schinken klein schneiden und in Öl etwas anbraten. Sahne angießen und etwa **5 Minuten** leicht köcheln lassen.
- Die Sauce mit Parmesan verrühren und mit Salz und Pfeffer abschmecken.

Fertigstellung

- In einem großen Kochtopf gesalzenes Wasser aufkochen.
- Den Teig mithilfe eines Spatzlhobels ins kochende Wasser hobeln. Wenn die Spatzlan nach oben kommen, sind sie gar. Mithilfe einer Schaumkelle abseihen und im kalten Wasser abschrecken (so bleibt die grüne Farbe erhalten).
- Spinatspatzlan mit der heißen Sahnesauce vermischen. Auf Tellern anrichten, mit Parmesan bestreuen und servieren.

Tipp

- Achten Sie darauf, dass der Schinken glutenfrei ist.

PANIERTES SCHNITZEL MIT KARTOFFELSALAT

für 2 Personen
etwa 1½ Stunden
einfach

Kartoffelsalat
400 g **festkochende Kartoffeln**
40 g **Zwiebeln**
2 EL **Petersilie**
1 EL **Senf**
2 EL **Essig**
4 EL **Olivenöl**
250 ml **Gemüsebrühe**
Salz
Pfeffer

Schnitzel
2 **Kalbsschnitzel**
Salz
Pfeffer
1 EL **glutenfreies Mehl**
1 **Ei**
5 EL **glutenfreie Semmelbrösel**

Weiteres
Backfett

Kartoffelsalat

- Kartoffeln mit der Schale in Salzwasser gar kochen. Abkühlen lassen, schälen und in Scheiben schneiden.
- Zwiebel in kleine Würfel schneiden und zu den Kartoffeln geben.
- Petersilie, Senf, Essig, Olivenöl, Gemüsebrühe, Salz und Pfeffer in ein leeres Marmeladenglas füllen, verschließen und gut schütteln.
- Dressing über die Kartoffeln geben und gut umrühren.

Schnitzel

- Schnitzel mit Salz und Pfeffer würzen.
- Zuerst in Mehl, dann in Ei und zum Schluss in den Semmelbröseln wenden.
- Backfett auf etwa **180 Grad** erhitzen und die Schnitzel schwimmend auf beiden Seiten etwa **3 Minuten** goldgelb backen. Auf Küchenkrepp abtropfen lassen.
- Panierte Schnitzel zusammen mit Kartoffelsalat auf Tellern anrichten und servieren.

Tipps

- Achten Sie darauf, dass Senf, Brühe und Preiselbeermarmelade glutenfrei sind.
- Servieren Sie zu den Schnitzeln eine Preiselbeermarmelade.
- Sie können auch Truthahn- oder Schweinefleisch verwenden.

CHICKEN NUGGETS MIT KARTOFFELSPALTEN

für 4 Personen
etwa 1 Stunde
einfach

Kartoffelspalten
800 g **festkochende Kartoffeln**
2 EL **Olivenöl**
2 EL **Rosmarin,** gehackt
Salz
Pfeffer

Chicken Nuggets
600 g **Hühnerbrust**
Salz
Pfeffer
1 **Ei**
2 EL **Milch**
3 EL **glutenfreies Mehl**
100 g **glutenfreie Semmelbrösel**

Weiteres
Öl zum Frittieren

Kartoffelspalten

- Kartoffeln waschen, schälen und in mittelgroße Spalten schneiden.
- Olivenöl, Rosmarin und Kartoffeln in einer Schüssel gut vermischen und mit Salz und Pfeffer würzen.
- Die Kartoffelspalten gleichmäßig auf ein mit Backpapier belegtes Backblech verteilen und im Backofen bei **180 Grad** etwa **40 Minuten** backen.

Chicken Nuggets

- Hähnchenbrust in Nugget-Stücke schneiden, mit Salz und Pfeffer würzen.
- Ei und Milch gut verquirlen. Nugget-Stücke in Mehl wenden, durch das Ei-Milch-Gemisch ziehen und zum Schluss mit Semmelbröseln panieren.
- In einer Pfanne reichlich Öl auf **160 Grad** erhitzen. Chicken Nuggets darin auf beiden Seiten etwa **3 Minuten** goldgelb backen und auf Küchenkrepp abtropfen lassen.
- Chicken Nuggets mit den Kartoffelspalten servieren.

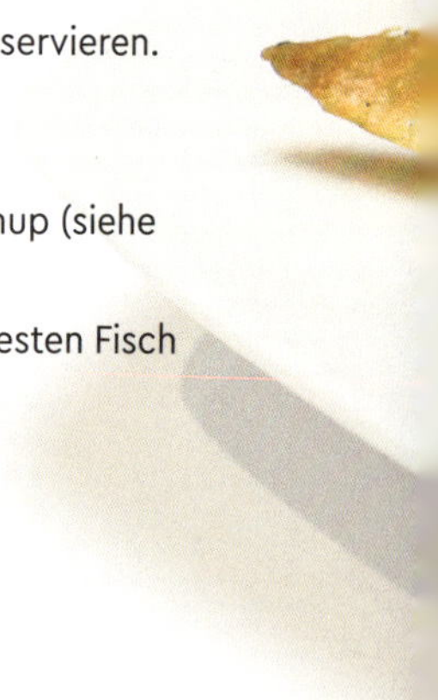

Tipps

- Servieren Sie dazu selbst gemachtes Ketchup (siehe Seite 177).
- Statt Hühnerbrust können Sie auch einen festen Fisch verwenden.

HAMBURGER

für 2 Stück
etwa 30 Minuten
einfach

Zutaten

2 **glutenfreie Brötchen**
150 g **faschiertes Rindfleisch**
1 EL **Schnittlauch,** geschnitten
1 EL **Zwiebeln,** fein gehackt
Salz
Pfeffer

Weiteres

Öl zum Braten
3 EL **Ketchup**
3 EL **Mayonnaise**
2 **Salatblätter**
2 **Scheiben Schmelzkäse**
2 EL **Salatgurken,** in Scheiben geschnitten
1 **Tomate,** in Scheiben geschnitten
1 EL **Zwiebelringe**

Zubereitung

- Faschiertes mit Schnittlauch und Zwiebelwürfeln verkneten und mit Salz und Pfeffer würzen. Daraus zwei Buletten formen.
- Brötchen im Backofen erwärmen.
- In einer Pfanne etwas Öl erhitzen und die Buletten darin auf beiden Seiten etwa **2 Minuten** braten.
- Brötchen teilen, mit Ketchup und Mayonnaise bestreichen und mit Salat belegen. Hamburger daraufsetzen und mit Schmelzkäse, Gurkenscheiben, Tomatenscheiben und Zwiebelringen belegen.

Tipp

- Achten Sie darauf, dass Ketchup und Mayonnaise glutenfrei sind.

GERÖSTEL

für 2 Personen
etwa 1 Stunde
einfach

Zutaten

200 g **faschiertes Rindfleisch**
1 **Zwiebel,** klein geschnitten
1 EL **Petersilie,** gehackt
1 **Ei**
1 EL **glutenfreie Semmelbrösel**
1 EL **Senf**
½ TL **Paprikapulver**
Salz
Pfeffer
500 g **gekochte Kartoffeln**
Salz
Pfeffer

Weiteres

Öl zum Braten
1 **Lorbeerblatt**
1 EL **Petersilie,** gehackt

Zubereitung

- Rindfleisch, die Hälfte der Zwiebelwürfel, Petersilie, Ei, Semmelbrösel, Senf und Paprikapulver gut vermischen. Mit Salz und Pfeffer abschmecken.
- Aus der Masse mit feuchten Händen kleine Bällchen formen.
- Kartoffeln schälen und in dünne Scheiben schneiden.
- In einer Stielpfanne das Öl erwärmen und die faschierten Bällchen darin bei geringer Hitze etwa **8 Minuten** braten. Herausnehmen und auf einem Teller warm stellen.
- Erneut Öl erhitzen, die restlichen Zwiebelwürfel darin leicht anbraten, Kartoffelscheiben und Lorbeerblatt dazugeben und goldgelb braten. Mit Salz und Pfeffer abschmecken.
- Die faschierten Bällchen zu den Kartoffeln geben, alles zusammen mit Petersilie vermischen, auf Tellern anrichten und servieren.

Tipp

- Achten Sie darauf, dass der Senf glutenfrei ist.

KAISERSCHMARREN

für 2 Personen
etwa 30 Minuten + Ruhezeit
einfach

Zutaten
2 **Eiweiß**
1 Prise **Salz**
2 **Eigelb**
120 ml **Milch**
100 g **Universalmehl**
10 g **Zucker**
1 Msp. **Zitronenschale,** gerieben
1 Pkg. **Vanillezucker**

Weiteres
1 EL **Sultaninen**
Butter zum Backen
Staubzucker zum Bestreuen

Zubereitung

- Eiweiß mit Salz steif schlagen.
- Eigelb, Milch, Mehl, Zucker, Zitronenschale und Vanillezucker gut verrühren.
- Eiweiß vorsichtig unter den Teig heben und diesen etwa **15 Minuten** ruhen lassen.

Fertigstellung

- In einer Pfanne Butter schmelzen.
- Den Teig dazugeben und gleichmäßig verlaufen lassen. Sultaninen darüberstreuen und bei niedriger Hitze etwas stocken lassen.
- Auf beiden Seiten etwa **2 Minuten** goldgelb backen und mithilfe zweier Gabeln in Stücke teilen.
- Den Kaiserschmarren auf Tellern anrichten, mit Staubzucker bestreuen und servieren.

Variationen

- Für **Schwarzbeerschmarren** mischen Sie etwa eine Handvoll Schwarzbeeren unter den Kaiserschmarrenteig.
- Für **Apfelschmarren** mischen Sie einen geraspelten Apfel und einen Esslöffel Sultaninen unter den Teig.

Tipp

- Achten Sie darauf, dass Vanillezucker und Sultaninen glutenfrei sind und der Staubzucker nicht mit Weizenstärke gemischt ist.

APFELKIACHLAN

für etwa 15 Stück
etwa 1 Stunde + Ruhezeit
einfach

Zutaten
3 **Eigelb**
200 ml **Milch**
100 g **Universalmehl**
1 Pkg. **Vanillezucker**
1 Msp. **Zitronenschale,** gerieben
1 EL **Rum**
3 **Eiweiß**
1 Prise **Salz**

Weiteres
3 **Äpfel**
1 **Zitrone,** Saft
Öl zum Backen
4 EL **Zucker**
1 TL **Zimt**

Zubereitung

- Eigelb, Milch, Mehl, Vanillezucker, Zitronenschale und Rum gut verrühren.
- Eiweiß mit Salz steif schlagen und vorsichtig unter die Eigelbmasse heben.
- Den Teig etwa **15 Minuten** ruhen lassen.
- Äpfel schälen, mit einem Kernausstecher das Gehäuse entfernen, in etwa 1 cm dicke Ringe schneiden und mit Zitronensaft beträufeln.
- In einer Pfanne Öl auf etwa **180 Grad** erhitzen.
- Die Apfelringe mithilfe einer Gabel in den Teig tauchen und im Öl schwimmend auf beiden Seiten etwa **2 Minuten** goldgelb backen.
- Auf einem flachen Teller Zucker und Zimt verrühren.
- Die Apfelkiachlan auf Küchenkrepp abtropfen lassen und im Zimtzucker wälzen.

Tipp

- Achten Sie darauf, dass der Staubzucker und Vanillezucker nicht mit Weizenstärke gemischt sind.

STRAUBEN

für 5 Stück
etwa 1 Stunde
einfach

Zutaten
3 **Eiweiß**
1 Prise **Salz**
3 **Eigelb**
250 ml **Milch**
30 g **Zucker**
10 g **Vanillezucker**
250 g **Mix B von Schär**
1 TL **Backpulver**
2 EL **Rum**
1 Prise **Salz**

Weiteres
Backfett
Staubzucker zum Bestreuen
Preiselbeermarmelade

Zubereitung

- Eiweiß mit Salz steif schlagen.
- Eigelb, Milch, Zucker und Vanillezucker verrühren. Mehl und Backpulver sieben und mit Rum und Salz zur Eigelb-Milch-Mischung geben. Gut verrühren. Eiweiß vorsichtig unterheben.
- In einer Pfanne reichlich Backfett auf etwa **180 Grad** erhitzen.
- Die Masse in einen Straubentrichter füllen und kreisförmig ins heiße Backfett einlaufen lassen. Auf beiden Seiten etwa **1 Minute** goldgelb backen und auf Küchenkrepp abtropfen lassen.
- Die Strauben auf Teller geben, mit Staubzucker bestreuen und mit Preiselbeermarmelade servieren.

Tipps

- Achten Sie darauf, dass Vanillezucker und Backpulver glutenfrei sind.
- Anstelle der Preiselbeermarmelade können Sie auch Marillenmarmelade verwenden.

KRAPFLAN

für etwa 40 Krapfen
etwa 1½ Stunden + Ruhezeit
einfach

Zutaten

400 g **Mix B von Schär**
50 g **Zucker**
3 **Eier**
50 ml **Öl**
20 ml **Rum**
1 Prise **Salz**
1 Pkg. **Backpulver**
30 g **Vanillezucker**
1 Msp. **Zitronenschale,** gerieben
10 ml **Milch**

Weiteres

Backfett
Staubzucker zum Bestreuen

Zubereitung

- In einer Schüssel Mehl, Zucker, Eier, Öl, Rum, Salz, Backpulver, Vanillezucker, Zitronenschale und Milch rasch zu einem geschmeidigen Teig verkneten. Diesen in eine Klarsichtfolie wickeln und etwa **30 Minuten** kalt stellen.
- Den Teig etwa 5 mm dick ausrollen und mit dem Krapfenrad 10 × 10 cm große Krapfen abradeln.
- Das Backfett auf etwa **180 Grad** erhitzen und die Krapfen darin schwimmend auf beiden Seiten etwa **2 Minuten** langsam goldgelb backen.
- Auf Küchenkrepp abtropfen lassen, mit Staubzucker bestreuen und servieren.

Tipps

- Achten Sie darauf, dass der Staubzucker nicht mit Weizenstärke gemischt ist und Backpulver und Vanillezucker glutenfrei sind.
- Servieren Sie zu den Krapflan Marillenmarmelade.

NIGGILAN

für etwa 20 Stück
etwa 1 Stunde + Ruhezeit
etwas aufwändig

Zutaten
60 g **Zucker**
1 EL **glutenfreies Mehl**
25 g **frische Hefe**
200 ml **lauwarme Milch**
150 g **Mix B von Schär**
100 g **Mantler-Mehl**
50 g **Mix C von Schär**
1 **Ei**
1 **Eigelb**
25 g **Öl**
1 EL **Anis**
1 Msp. **Zitronenschale,** gerieben
10 g **Vanillezucker**
1 Prise **Salz**
1 EL **Rum**

Weiteres
Backfett

Zubereitung

- Für das Dampfl Zucker, Mehl und Hefe zur Milch geben und gut verrühren. Abgedeckt an einem warmen Ort so lange gehen lassen, bis sich das Volumen verdoppelt hat.
- In einer Schüssel alle Mehle mischen.
- Ei, Eigelb, Öl, Anis, Zitronenschale, Vanillezucker, Salz und Rum dazugeben, zusammen mit dem Dampfl zu einem Teig verkneten. So lange kneten, bis er Blasen wirft.
- Den Teig zugedeckt an einem warmen Ort etwa **1½ Stunden** gehen lassen.
- Nochmals durchkneten und zu Niggilan formen, diese auf ein bemehltes Tuch geben und zugedeckt abermals etwa **15 Minuten** gehen lassen.

Fertigstellung

- Das Backfett auf etwa **160 Grad** erhitzen und die Niggilan zuerst mit der Oberseite nach unten in das Fett geben. Im Fett schwimmend auf beiden Seiten etwa **2 Minuten** goldgelb backen.
- Die Niggilan auf einem Küchenkrepp abtropfen lassen.

Tipps

- Achten Sie darauf, dass Hefe und Vanillezucker glutenfrei sind und der Staubzucker nicht mit Weizenstärke gemischt ist.
- Servieren Sie zu den Niggilan eine heiße Fleischsuppe.
- Für die süße Variante bestreuen Sie die Niggilan mit Staubzucker und servieren verschiedene Marmeladen dazu.

SCHUPFNUDELN

für 2 Personen
etwa 1½ Stunden
einfach

Zutaten
450 g **mehlige Kartoffeln**
2 **Eigelb**
1 Msp. **Muskatnuss**
125 g **glutenfreies Nudelmehl**
Salz

Weiteres
Backfett
1 EL **Zimt**
50 g **Zucker**
4 EL **Marillenmarmelade**

Zubereitung

- Kartoffeln schälen, klein schneiden und im kochenden Salzwasser gar kochen.
- Kartoffeln abseihen und etwas ausdampfen lassen. Noch heiß durch die Kartoffelpresse drücken, mit Eigelb vermischen und auskühlen lassen.
- Muskatnuss, Mehl und Salz zur Kartoffelmasse geben und zu einem Teig verkneten.
- Den Teig in 2 cm dicke Stränge rollen, davon 2 cm große Stücke abschneiden, erst zu Kugeln und dann zu länglichen Nudeln rollen.
- Reichlich Backfett auf etwa **180 Grad** erhitzen und die Schupfnudeln darin etwa **3 Minuten** goldgelb backen. Mit einer Schaumkelle herausnehmen und kurz auf Küchenkrepp abtropfen lassen.
- Zimt und Zucker gut vermischen und die Schupfnudeln darin wälzen. Zusammen mit Marillenmarmelade auf Tellern anrichten und servieren.

Tipps

- Achten Sie darauf, dass die Marillenmarmelade glutenfrei ist.
- Servieren Sie zu den Schupfnudeln eine warme Vanillesauce.

TSCHOTTEBLATTLAN

für 4 Personen
etwa 1½ Stunden + Ruhezeit
(Sauerteig 4 Tage)
aufwändig

Teig

140 ml **lauwarme Milch**
10 g **Trockenhefe**
1 Prise **Zucker**
350 g **Mix B von Schär**
30 g **Kastanienmehl**
20 g **Buchweizenmehl**
2 **Eier**
1 EL **Schnaps**
300 g **Sauerteig** (siehe Seite 189)
1 EL **Anis**
1 EL **Kümmel**
Salz

Weiteres

Backfett

Zubereitung

- Milch, Trockenhefe und Zucker gut verrühren und etwas gehen lassen.
- In einer Schüssel alle Mehle, Eier, Schnaps, Sauerteig, Anis, Kümmel und Salz mit der Hefemilch zu einem Teig verkneten. Diesen zugedeckt an einem warmen Ort etwa **2 Stunden** gehen lassen.
- Den Teig nochmals durchkneten, mit dem Nudelholz etwa 1 cm dick ausrollen und mit einem Ausstecher (7 cm Ø) Kreise ausstechen. Auf ein bemehltes Küchentuch setzen und gut zugedeckt etwa **20 Minuten** gehen lassen.
- Reichlich Backfett auf **180 Grad** erhitzen.
- Die Teigkreise an der Unterseite mit einem scharfen Messer zweimal quer leicht einschneiden.
- Mit der eingeschnittenen Seite nach oben ins Backfett legen und auf beiden Seiten schwimmend etwa **2 Minuten** backen.
- Die Tschotteblattlan auf Küchenkrepp abtropfen lassen und servieren.

Tipps

- Achten Sie darauf, dass Kastanien- und Buchweizenmehl nicht mit glutenhaltigem Getreide kontaminiert sind.
- Servieren Sie zu den Tschotteblattlan eine heiße Gemüsesuppe.
- Sie können das Messer vor dem Einschneiden der Brötchen mit etwas Olivenöl einfetten.

TIRTLAN

für etwa 10 Stück
etwa 1½ Stunden
etwas aufwändig

Teig
220 g **Mix B von Schär**
30 g **Kastanienmehl**
2 **Eier**
70 ml **Milch**
Salz

Füllung
30 g **Zwiebeln**
1 **Knoblauchzehe**
120 g **gekochter Spinat**
200 g **Topfen**
1 Msp. **Muskatnuss**
Salz
Pfeffer

Weiteres
Wasser zum Bestreichen der Teigblätter
Backfett

Teig
- In einer Schüssel Mehl, Kastanienmehl, Eier, Milch und Salz zu einem Teig verkneten.

Füllung
- Zwiebel und Knoblauch schälen, zerkleinern und samt Spinat mit dem Pürierstab fein pürieren.
- Topfen und Spinat gut vermischen und mit Muskatnuss, Salz und Pfeffer würzen.

Fertigstellung
- Den Teig zu einem Strang rollen, in 20 Stücke teilen und daraus etwa 15 cm große runde Teigblätter ausrollen.
- Mit der Füllung bestreichen und die Ränder mit etwas Wasser bepinseln. Ein zweites Teigblatt darüberlegen, die Ränder gut andrücken und mit dem Krapfenrad runde Tirtlan abradeln.
- In einer Pfanne reichlich Backfett auf etwa **180 Grad** erhitzen, die Tirtlan darin schwimmend auf beiden Seiten etwa **1 Minute** backen.
- Tirtlan auf Küchenkrepp abtropfen lassen und noch heiß servieren.

Variation
- **Sauerkrauttirtlan:** Belegen Sie die Teigblätter zur Hälfte mit gedünstetem Sauerkraut, und falten Sie sie zu Halbmonden zusammen.

Tipp
- Achten Sie darauf, dass das Kastanienmehl nicht mit glutenhaltigem Getreide kontaminiert ist.

KARTOFFELBLATTLAN MIT SAUERKRAUT

für 4 Personen
etwa 1½ Stunden
einfach

Zutaten
1 kg **mehlige Kartoffeln**
2 **Eigelb**
1 **Ei**
1 Msp. **Muskatnuss**
180 g **Mix B von Schär**
100 g **Universalmehl**
½ TL **Kümmel**
Salz

Weiteres
Öl zum Backen
500 g **gedünstetes Sauerkraut**

Zubereitung

- Kartoffeln in Salzwasser gar kochen, abseihen und etwas ausdampfen lassen.
- Noch heiß durch die Kartoffelpresse drücken, mit Eigelb und Ei vermischen und auskühlen lassen.
- Mehle, Kümmel und Salz zur Masse geben und alles zu einem Teig verkneten.
- Diesen zu einem 5 cm dicken Strang rollen, in etwa 2 cm große Stücke teilen und daraus mit dem Nudelholz ovale Blattlan rollen. Die Kartoffelblattlan mit dem Krapfenrad in der Mitte etwa 5 cm lang einradeln.
- Öl in einer Pfanne auf etwa **180 Grad** erhitzen und die Blattlan darin schwimmend auf beiden Seiten etwa **1 Minute** backen.
- Auf Küchenkrepp abtropfen lassen und noch warm mit gedünstetem Sauerkraut servieren.

CANCI CHECE

für etwa 30 Stück
etwa 1½ Stunden
etwas aufwändig

Teig
80 g **Kartoffeln**
300 g **Mix B von Schär**
40 g **Öl**
10 g **Zucker**
50 g **Milch**
1 **Frischhefe**
Salz

Füllung
20 g **Zwiebel,** klein geschnitten
50 g **Spinat,** passiert
100 g **Ricotta**
Salz
Pfeffer

Weiteres
Backfett zum Backen

Zubereitung

- Kartoffeln schälen und im Salzwasser gar kochen, noch heiß pürieren.
- Alle Zutaten für den Teig in eine Schüssel geben und zu einem geschmeidigen Teig verkneten. Diesen an einem warmen Ort etwa **1 Stunde** gehen lassen.
- Für die Füllung die Zwiebelwürfel in etwas Öl glasig dünsten und mit Spinat, Ricotta, Salz und Pfeffer gut verrühren.
- Den Teig etwa 1 cm dick ausrollen und mit einem runden Ausstecher Kreise ausstechen.
- Etwas Füllung auf die Kreise geben, zusammenfalten und gut verschließen.
- Canci Chece für etwa **15 Minuten** gehen lassen und im schwimmenden Backfett langsam goldbraun backen.

LINZER SCHNITTEN

für 1 Backblech
etwa 1¼ Stunden + Auskühlzeit
einfach

Zutaten

250 g **weiche Butter**
250 g **Zucker**
10 g **Vanillezucker**
1 Prise **Salz**
3 **Eier**
250 g **glutenfreies Kuchenmehl**
1 Pkg. **Backpulver**
200 g **Mandeln,** gerieben
1 TL. **Zimt**
1 Msp. **Nelkenpulver**

Weiteres

250 g **Preiselbeermarmelade**
Staubzucker zum Bestreuen

Zubereitung

- Butter, Zucker, Vanillezucker und Salz mit dem Handrührgerät schaumig schlagen.
- Eier nach und nach unterrühren.
- Mehl und Backpulver sieben, zusammen mit Mandeln, Zimt und Nelkenpulver unter die Buttermasse heben.
- Zwei Drittel der Masse auf ein mit Backpapier belegtes Backblech geben. Preiselbeermarmelade gleichmäßig darauf verstreichen.
- Restliche Masse in einen Spritzsack mit Lochtülle füllen und gitterartig auf die Preiselbeermarmelade aufspritzen. Im vorgeheizten Backofen bei **180 Grad** etwa **40 Minuten** backen.
- Ausgekühlte Linzer Schnitten in beliebig große Stücke schneiden, mit Staubzucker bestreuen und servieren.

Tipp

- Achten Sie darauf, dass die Mandeln nicht mit glutenhaltigem Getreide kontaminiert sind und Staubzucker nicht mit Weizenstärke gemischt ist. Vanillezucker, Backpulver und Preiselbeermarmelade müssen glutenfrei sein.

MANDELTARTE

für 1 Kuchenform (26 cm Ø)
etwa 1 Stunde
einfach

Zutaten

3 **Eiweiß**
1 Prise **Salz**
100 g **Zucker**
20 g **helles,** glutenfreies Mehl
½ Pkg. **Backpulver**
100 g **Mandeln,** gerieben
1 TL **Zimt**

Creme

3 EL **Preiselbeermarmelade**
200 ml **geschlagene Sahne,** gesüßt
1 TL **Zimt**
Schokoraspeln zum Bestreuen

Zubereitung

- Eiweiß und Salz leicht anschlagen, langsam Zucker dazugeben und steif schlagen.
- Mehl und Backpulver sieben und zusammen mit Mandeln und Zimt unter die Eiweißmasse heben.
- In eine Kuchenform füllen und im vorgeheizten Backofen bei **160 Grad** etwa **30 Minuten** backen.

Fertigstellung

- Den Tarteboden auskühlen lassen, aus der Kuchenform nehmen und mit Preiselbeermarmelade bestreichen.
- Geschlagene Sahne mit Zimt vermischen, darauf verteilen und mit Schokoraspeln bestreuen.

Tipps

- Achten Sie darauf, dass die Mandeln nicht mit glutenhaltigem Getreide kontaminiert sind und Backpulver, Preiselbeermarmelade und Schokoraspeln glutenfrei sind.
- Anstelle der Preiselbeermarmelade eignet sich auch Erdbeer-, Brombeer- oder Schwarzbeermarmelade.

BUCHWEIZENROULADE MIT PREISELBEERSAHN

für 1 Roulade
etwa 30 Minuten + Auskühlzeit
einfach

Teig
4 **Eigelb**
150 g **Zucker**
1 Pkg. **Vanillezucker**
1 Msp. **Zitronenschale,** gerieben
4 **Eiweiß**
1 Prise **Salz**
1 TL **Backpulver**
150 g **feines Buchweizenmehl**

Füllung
300 ml **geschlagene Sahne**
2 EL **Staubzucker**
3 EL **Preiselbeermarmelade**

Weiteres
Staubzucker zum Bestreuen

Zubereitung
- Eigelb, Zucker, Vanillezucker und Zitronenschale schaumig rühren.
- Eiweiß mit Salz steif schlagen und unter die Eigelbmasse heben.
- Backpulver sieben, mit Buchweizenmehl vermischen und unter die Masse heben.
- Gleichmäßig auf ein mit Backpapier belegtes Backblech aufstreichen und im vorgeheizten Backofen bei **180 Grad** etwa **10 Minuten** backen.
- Die noch warme Roulade in ein mit Zucker bestreutes Küchentuch einrollen und auskühlen lassen.

Fertigstellung
- Sahne mit Staubzucker und Preiselbeermarmelade vermischen.
- Die Roulade mit Preiselbeersahne bestreichen, einrollen, mit Staubzucker bestreuen und servieren.

Variation
- **Fruchtroulade:** Verwenden Sie anstelle des Buchweizenmehls ein helles glutenfreies Kuchenmehl. Füllen Sie die Roulade mit gesüßter Sahne und Früchten Ihrer Wahl.

Tipps
- Achten Sie darauf, dass alle Zutaten glutenfrei und nicht mit glutenhaltigem Getreide kontaminiert sind.
- Sie können die Roulade auch nur mit Sahne oder einer Marmelade füllen.

BUCHWEIZENTORTE

für 1 Kuchenform (26 cm Ø)
etwa 1¼ Stunden + Auskühlzeit
einfach

Zutaten
200 g **weiche Butter**
200 g **Zucker**
10 g **Vanillezucker**
1 Msp. **Zitronenschale,** gerieben
1 Prise **Salz**
4 **Eier**
180 g **Buchweizenmehl**
1 Pkg. **Backpulver**
20 g **Mandeln,** fein gerieben
½ TL **Zimt**

Weiteres
4 EL **Preiselbeermarmelade**
Staubzucker zum Bestreuen

Zubereitung

- Butter, Zucker, Vanillezucker, Zitronenschale und Salz schaumig schlagen. Eier nach und nach unterrühren.
- Buchweizenmehl mit Backpulver vermischen und mit Mandeln und Zimt unter die Butter-Eier-Masse heben. Die Masse in eine Kuchenform geben und im vorgeheizten Backofen bei **180 Grad** etwa **40 Minuten** backen.
- Den Tortenboden auskühlen lassen, aus der Form nehmen und einmal waagerecht durchschneiden. Den unteren Teil mit der Preiselbeermarmelade bestreichen, Deckel darauflegen und mit Staubzucker bestreuen.

Tipps

- Achten Sie darauf, dass Buchweizenmehl und Mandeln nicht mit glutenhaltigem Getreide kontaminiert sind. Der Staubzucker darf nicht mit Weizenstärke gemischt sein, und Vanillezucker, Backpulver und Preiselbeermarmelade müssen glutenfrei sein.
- Füllen Sie die Buchweizentorte mit Preiselbeersahne (250 g geschlagene Sahne mit 3 EL Preiselbeermarmelade mischen).

SCHWARZWÄLDER KIRSCHTORTE

für 1 Kuchenform (26 cm Ø)
etwa 2 Stunden + Auskühlzeit
etwas aufwändig

Biskuit
6 **Eier**
120 g **Zucker**
1 **Vanillezucker**
1 Msp. **Zitronenschale**
1 Prise **Salz**
120 g **glutenfreies Kuchenmehl**
20 g **Kakao**
1 Pkg. **Backpulver**

Füllung
800 ml **Sahne**
30 g **Zucker**
20 **Amarenakirschen**

Weiteres
Schokostreusel
14 **Amarenakirschen**
80 ml **geschlagene, gesüßte Sahne**

Biskuit

- Eier, Zucker, Vanillezucker, Zitronenschale und Salz mit dem Handrührgerät schaumig schlagen.
- Mehl, Kakao und Backpulver sieben und unter die Eiermasse heben.
- Den Teig in eine Kuchenform geben, glatt streichen und im vorgeheizten Backofen bei **180 Grad** etwa **40 Minuten** backen und auskühlen lassen.

Fertigstellung

- Sahne mit Zucker steif schlagen.
- Den Tortenboden aus der Tortenform nehmen und zweimal waagerecht durchschneiden.
- Den ersten Boden mit einem Drittel der Sahne bestreichen, etwa zehn Amarenakirschen darauf verteilen, zweiten Tortenboden daraufsetzen und ebenfalls mit einem Drittel der Sahne bestreichen, etwa zehn Amarenakirschen darauf verteilen. Dritten Tortenboden daraufsetzen und die Torte mit der restlichen Sahne bestreichen. Den Rand und die Tortenoberseite mit Schokostreuseln bestreuen. Sahne in einen Spritzsack mit Sterntülle füllen und am Rand für jedes Kuchenstück eine Rosette aufspritzen. Diese mit Amarenakirschen garnieren.

Tipp

- Achten Sie darauf, dass Kakao, Vanillezucker, Backpulver, Schokostreusel und Amarenakirschen glutenfrei sind.

KASTANIENTORTE

für 1 Kuchenform (20 cm Ø)
etwa 2 Stunden + Auskühlzeit
etwas aufwändig

Teig
4 **Eier**
80 g **Zucker**
1 Prise **Salz**
1 Pkg. **Vanillezucker**
50 g **glutenfreies Kuchenmehl**
30 g **Kastanienmehl**
½ Pkg. **Backpulver**

Kastaniensahne
120 g **Kastanien,** geschält
200 ml **Milch**
80 g **Rohrzucker**
10 g **Vanillezucker**
300 ml **Sahne**
20 g **Zucker**

Weiteres
Mandelblätter zum Bestreuen
Schokoraspeln zum Bestreuen

Teig

- Eier, Zucker, Salz und Vanillezucker schaumig schlagen.
- Mehl, Kastanienmehl und Backpulver sieben und unter die Eiermasse heben.
- Die Masse in eine Kuchenform geben und im vorgeheizten Backofen bei **180 Grad** etwa **30 Minuten** backen.

Kastaniensahne

- Kastanien, Milch, Rohrzucker und Vanillezucker so lange kochen, bis die Kastanien gar sind. Mit dem Pürierstab zu einer breiigen Masse pürieren und auskühlen lassen.
- Sahne mit Zucker schlagen und unter das Kastanienpüree heben.

Fertigstellung

- Den Tortenboden aus der Form nehmen, auskühlen lassen und waagerecht zweimal durchschneiden. Den ersten Boden mit einem Drittel der Kastaniensahne bestreichen, zweiten Tortenboden daraufsetzen, ebenfalls mit einem Drittel der Kastaniensahne bestreichen und dritten Boden daraufsetzen. Mit der restlichen Kastaniensahne die Torte bestreichen, den Rand mit Mandelblättern und die Tortenoberseite mit Schokoraspeln bestreuen.

Tipp

- Achten Sie darauf, dass alle Zutaten glutenfrei sind.

MOHNTORTE

für 1 Kuchenform (28 cm Ø)
etwa 1½ Stunden
einfach

Zutaten
270 g **weiche Butter**
180 g **Zucker**
10 g **Vanillezucker**
6 **Eigelb**
2 EL **Rum**
6 **Eiweiß**
1 Prise **Salz**
300 g **Mandeln,** gerieben
100 g **Mohn,** gemahlen
45 g **Hirse,** gemahlen
1 Pkg. **Backpulver**
1 TL **Zimt**

Weiteres
Staubzucker zum Bestreuen

Zubereitung

- Weiche Butter, 90 g Zucker und Vanillezucker mit dem Handrührgerät schaumig schlagen. Nach und nach Eigelb dazugeben, zum Schluss den Rum unterrühren.
- Eiweiß mit Salz leicht schlagen, den restlichen Zucker langsam dazugeben und steif schlagen.
- Mandeln, Mohn, Hirse, Backpulver und Zimt unter die Butter-Eigelb-Masse mischen. Eiweiß vorsichtig unterheben.
- Die Masse in eine Kuchenform geben, glatt streichen und im vorgeheizten Backofen bei **180 Grad** etwa **45 Minuten** backen.
- Die Mohntorte auskühlen lassen, aus der Form nehmen, mit Staubzucker bestreuen und servieren.

Tipp

- Achten Sie darauf, dass Mandeln, Mohn und Hirse nicht mit glutenhaltigem Getreide kontaminiert sind. Der Staubzucker darf nicht mit Weizenstärke gemischt sein und Vanillezucker und Backpulver müssen glutenfrei sein.

KÄSEKUCHENTÖRTCHEN

für etwa 12 Stück
etwa 1 Stunde + Ruhezeit
etwas aufwändig

Teig
300 g **Strudelteig** (siehe Seite 186)
2 EL **Zimt**

Creme
400 g **Crème fraîche**
1 **Ei**
4 EL **Zucker**
10 g **Vanillezucker**
1 Msp. **Zitronenschale,** gerieben
1 Prise **Salz**

Weiteres
Öl zum Einfetten
4 EL **Erdbeermarmelade** zum Bestreichen
Früchte der Saison (Erdbeeren, Schwarzbeeren, Mandarinen usw.) zum Verzieren
Staubzucker zum Bestreuen

Zubereitung

- Den Strudelteig mit Zimt verkneten.
- Den Teig 5 mm dick ausrollen und mit einem Ausstecher (Ø 6 cm) Kreise ausstechen.
- Die Teigkreise in eingefettete Muffinformen legen, am Rand hochziehen und mit den Fingern festdrücken.
- Im vorgeheizten Backofen bei **180 Grad** etwa **20 Minuten** blind backen.
- Crème fraîche, Ei, Zucker, Vanillezucker, Zitronenschale und Salz mit einem Schneebesen gut verrühren.
- Die Muffinformen aus dem Ofen holen und mit der Crème-fraîche-Masse füllen.
- Im Backofen weitere **15 Minuten** bei **150 Grad** fertig backen.

Fertigstellung

- Die Törtchen auskühlen lassen und aus den Muffinformen nehmen.
- Mit Erdbeermarmelade bestreichen und mit Früchten verzieren.
- Mit Staubzucker bestreuen und servieren.

Tipps

- Achten Sie darauf, dass der Staubzucker nicht mit Weizenstärke gemischt ist und Vanillezucker und Erdbeermarmelade glutenfrei sind.
- Sie können die Törtchen auch mit Himbeeren, Johannisbeeren oder Pfirsichen verzieren.

SCHOKO-BUTTERMILCH-MUFFINS

für etwa 12 Stück
etwa 1½ Stunden
einfach

Zutaten

200 g **Butter**
200 g **Zucker**
1 Prise **Salz**
10 g **Vanillezucker**
1 Msp. **Zitronenschale,** gerieben
4 **Eier**
200 g **glutenfreies Kuchenmehl**
20 g **Kakaopulver**
1 Prise **Zimt**
½ Pkg. **Backpulver**
100 g **Buttermilch**

Weiteres

geschlagene Sahne zum Aufspritzen
Schwarzbeeren zum Garnieren

Zubereitung

- Butter, Zucker, Salz, Vanillezucker und Zitronenschale schaumig schlagen. Eier nach und nach unterrühren.
- Mehl, Kakaopulver, Zimt und Backpulver sieben und abwechselnd mit der Buttermilch unter die Masse rühren.
- Teig bis zur Hälfte in Muffinformen füllen und im vorgeheizten Backofen bei **180 Grad** etwa **30 Minuten** backen.
- Muffins gut auskühlen lassen und mit der geschlagenen Sahne kleine Rosetten aufspritzen. Diese mit Schwarzbeeren garnieren.

Tipp

- Die Muffins können mit jeglichem Obst garniert werden.

MOHNSTRUDEL

für 2 Strudel
etwa 2 Stunden + Ruhezeit
etwas aufwändig

Teig
200 ml **lauwarme Milch**
15 g **frische Hefe**
30 g **Zucker**
1 EL **glutenfreies Mehl**
150 g **Mix B von Schär**
100 g **Mantler-Mehl**
50 g **Mix C von Schär**
2 **Eigelb**
25 ml **Öl**
1 EL **Rum**
1 Msp. **Zitronenschale,** gerieben
1 Pkg. **Vanillezucker**
1 Prise **Salz**

Mohnfüllung
100 g **Mohn,** gerieben
60 g **glutenfreie Brotbrösel**
80 g **Zucker**
1 TL **Zimt**
1 Msp. **Zitronenschale,** gerieben
1 Prise **Salz**
120 ml **Milch**

Weiteres
1 **verquirltes Ei** zum Bestreichen
Staubzucker zum Bestreuen

Teig

- Für das Dampfl Milch mit Hefe, Zucker und 1 Esslöffel Mehl verrühren und zugedeckt an einem warmen Ort so lange gehen lassen, bis sich das Volumen verdoppelt hat.
- In eine Schüssel alle Mehle, Eigelb, Öl, Rum, Zitronenschale, Vanillezucker und Salz geben und mit dem Dampfl zu einem Teig verkneten. Diesen so lange kneten, bis er Blasen wirft.
- Den Teig zugedeckt an einem warmen Ort etwa **1½ Stunden** gehen lassen.

Mohnfüllung

- Mohn, Brotbrösel, Zucker, Zimt, Zitronenschale und Salz in eine Schüssel geben und vermischen.
- Milch aufkochen und noch heiß dazugeben, die Füllung gut verrühren und etwas auskühlen lassen.

Fertigstellung

- Den Hefeteig nochmals durchkneten, mit einem Nudelholz zu einem Rechteck ausrollen, gleichmäßig mit der Mohnfüllung bestreichen und einrollen.
- Den Strudel auf ein mit Backpapier belegtes Backblech geben und zugedeckt nochmals **20 Minuten** gehen lassen.
- Mit verquirltem Ei bestreichen und im vorgeheizten Backofen bei **180 Grad** etwa **30 Minuten** backen.

Variation

- **Nussstrudel:** Kochen Sie für die Füllung 100 ml Wasser mit 100 g Zucker auf, und verrühren Sie die Flüssigkeit mit 100 g geriebenen Haselnüssen oder Mandeln, 70 g Brotbröseln, 1 TL Zimt und 1 Prise Salz.

Tipp

- Achten Sie darauf, dass Hefe und Vanillezucker glutenfrei sind. Mohn, Haselnüsse und Mandeln dürfen nicht mit glutenhaltigem Getreide kontaminiert sein.

APFELSTRUDEL

für 1 Strudel
etwa 1¼ Stunden + Ruhezeit
einfach

Füllung
4 **große Äpfel**
3 EL **Zucker**
3 EL **glutenfreie Brotbrösel**
1 EL **Pinoli**
2 EL **Sultaninen**
1 **Zitrone,** Saft
½ TL **Zimt**
1 Prise **Salz**

Teig
400 g **Sauerrahmteig**
(siehe Seite 189)

Weiteres
verquirltes Ei zum Bestreichen
Staubzucker zum Bestreuen

Zubereitung

- Äpfel schälen, entkernen und in dünne Scheiben schneiden.
- In einer Schüssel Äpfel, Zucker, Brotbrösel, Pinoli, Sultaninen, Zitronensaft, Zimt und Salz gut verrühren.
- Den Teig zu einem Rechteck ausrollen. In der Mitte gleichmäßig die Apfelfüllung verteilen und mit dem Teig einschlagen.
- Den Strudel mit verquirltem Ei bestreichen und auf ein mit Backpapier belegtes Backblech geben.
- Im vorgeheizten Backofen bei **180 Grad** etwa **40 Minuten** backen, auskühlen lassen und mit Staubzucker bestreuen.

Tipps

- Achten Sie darauf, dass Pinoli und Sultaninen nicht mit glutenhaltigem Getreide kontaminiert sind. Der Staubzucker darf nicht mit Weizenstärke gemischt sein.
- Sie können anstelle des Sauerrahmteiges auch Quarkblätterteig verwenden.

HEFEZOPF

für 2 Zöpfe
etwa 1 Stunde + Ruhezeit
einfach

Zutaten

200 ml **lauwarme Milch**
40 g **Zucker**
25 g **frische Hefe**
1 EL **glutenfreies Mehl**
150 g **Mix B von Schär**
150 g **Mantler-Mehl**
2 **Eigelb**
25 ml **Öl**
1 Pkg. **Vanillezucker**
1 Msp. **Zitronenschale,** gerieben
1 Prise **Salz**
1 EL **Rum**

Weiteres

1 **Ei** zum Bestreichen
Hagelzucker

Zubereitung

- Für das Dampfl Milch, Zucker, Hefe und 1 Esslöffel Mehl verrühren und zugedeckt an einem warmen Ort so lange gehen lassen, bis sich das Volumen verdoppelt hat.
- Mehle, Eigelb, Öl, Vanillezucker, Zitronenschale, Salz und Rum in einer Schüssel zusammen mit dem Dampfl zu einem Teig verkneten. Den Teig so lange kneten, bis er Blasen wirft. Zugedeckt an einem warmen Ort etwa **1 Stunde** gehen lassen.
- Den Teig nochmals durchkneten, in drei Teile teilen und diese zu gleich langen Strängen rollen.
- Die Teigstränge zu einem Zopf flechten, auf ein mit Backpapier belegtes Backblech setzen und nochmals etwa **15 Minuten** gehen lassen.
- Den Zopf mit verquirltem Ei bestreichen, Hagelzucker darüberstreuen und im vorgeheizten Backofen bei **170 Grad** etwa **40 Minuten** backen.

Tipps

- Achten Sie darauf, dass Hefe, Vanillezucker und Hagelzucker glutenfrei sind.
- Anstelle des Hagelzuckers können Sie den Zopf nach dem Backen auch mit Staubzucker bestreuen.
- Für Osterkränze formen Sie den Zopf zu einem Kranz.

TOPFENBUCHTELN

für etwa 15 Buchteln
etwa 1¼ Stunden + Ruhezeit
etwas aufwändig

Zutaten
350 ml **lauwarme Milch**
5 EL **Zucker**
25 g **frische Hefe**
1 EL **glutenfreies Mehl**
100 g **Mix C von Schär**
200 g **Mantler-Mehl**
200 g **Mix B von Schär**
40 ml **Öl**
3 **Eigelb**
120 g **Topfen,** gut abgetropft
3 EL **Rum**
10 g **Vanillezucker**
1 Msp. **Zitronenschale,** gerieben
1 Prise **Salz**

Weiteres
Johannisbeergelee zum Füllen
Öl zum Wenden
Staubzucker zum Bestreuen

Zubereitung

- Für das Dampfl Milch, Zucker, Hefe und 1 Esslöffel Mehl gut verrühren, abdecken und so lange an einem warmen Ort gehen lassen, bis sich das Volumen verdoppelt hat.
- In einer Schüssel die Mehle, Öl, Eigelb, Topfen, Rum, Vanillezucker, Zitronenschale, Salz und das Dampfl zu einem Teig verkneten. Diesen so lange kneten, bis er Blasen wirft.
- Den Teig abgedeckt etwa **1½ Stunden** an einem warmen Ort gehen lassen.

Fertigstellung

- Den Teig nochmals durchkneten und in 15 gleich große Stücke schneiden.
- Diese mit 1 Teelöffel Johannisbeergelee füllen und zu kleinen Kugeln zusammenfalten.
- In eine Schüssel etwas Öl geben, die Buchteln darin wenden.
- Mit der Verschlussstelle nach unten nebeneinander in eine eingeölte Form setzen und nochmals abgedeckt etwa **15 Minuten** gehen lassen.
- Die Buchteln im vorgeheizten Backofen bei **180 Grad** etwa **30 Minuten** backen, etwas auskühlen lassen, mit Staubzucker bestreuen und servieren.

Tipps

- Achten Sie darauf, dass der Staubzucker nicht mit Weizenstärke gemischt ist und Hefe, Vanillezucker und Johannisbeergelee glutenfrei sind.
- Servieren Sie zu den Topfenbuchteln eine Vanillesauce.

FASCHINGSKRAPFEN MIT VANILLECREME

für etwa 24 Stück
etwa 1½ Stunden + Ruhezeit
aufwändig

Teig

400 ml **lauwarme Milch**
80 g **Zucker**
30 g **frische Hefe**
1 EL **glutenfreies Mehl**
100 g **Mix C von Schär**
300 g **Mix B von Schär**
200 g **Mantler-Mehl**
1 **Ei**
3 **Eigelb**
50 ml **Öl**
1 Msp. **Zitronenschale,** gerieben
1 Pkg. **Vanillezucker**
1 Prise **Salz**
1 EL **Rum**

Vanillecreme

5 **Eigelb**
1 Prise **Salz**
70 g **glutenfreies Mehl**
1 **Vanilleschote**
750 ml **Milch**
180 g **Zucker**

Weiteres

Backfett
Staubzucker zum Bestreuen

Teig

- Für das Dampfl Milch, zerbröckelte Hefe, Zucker und 1 Esslöffel Mehl gut verrühren. Zugedeckt an einem warmen Ort gehen lassen, bis sich das Volumen verdoppelt hat.
- In einer Schüssel die Mehle, Ei, Eigelb, Öl, Zitronenschale, Vanillezucker, Salz und Rum vermischen.
- Mit dem Dampfl zu einem Teig verkneten und diesen so lange kneten, bis er Blasen wirft.
- Den Teig abgedeckt an einem warmen Ort etwa **1 Stunde** gehen lassen.
- Nochmals durchkneten und in 24 gleich große Stücke teilen. Diese zu glatten Kugeln formen und auf ein bemehltes Tuch setzen. Zugedeckt nochmals **20 Minuten** gehen lassen.

Vanillecreme

- Eigelb, Salz und Mehl mit einem Schneebesen gut verrühren.
- Vanilleschote auskratzen. Das Vanillemark zusammen mit Milch und Zucker aufkochen.
- Die Eigelb-Mehl-Mischung einrühren und so lange rühren, bis die Creme etwas kocht und gebunden ist.
- Die Vanillecreme in eine Schüssel füllen, mit Zucker bestreuen (damit keine Haut entsteht) und auskühlen lassen.

Fertigstellung

- Das Backfett auf etwa **160 Grad** erhitzen.
- Die Krapfen mit der Oberseite nach unten in das heiße Fett legen und den Topf mit einem Deckel schließen. Krapfen etwa **7 Minuten** goldgelb backen.
- Die Krapfen umdrehen und die Unterseite bei offenem Deckel goldgelb backen.
- Die Faschingskrapfen auf Küchenkrepp abtropfen lassen.
- Die Vanillecreme in einen Spritzsack mit Krapfentülle füllen. Die Faschingskrapfen damit großzügig füllen, mit Staubzucker bestreuen und servieren.

Tipps

- Achten Sie darauf, dass der Staubzucker nicht mit Weizenstärke gemischt ist und Hefe, Vanillezucker und Marillenmarmelade glutenfrei sind.
- Sie können die Faschingskrapfen auch mit Marillenmarmelade füllen.

BIGNÈ MIT SAHNEFÜLLUNG

für etwa 30 Stück
1 Stunde + Auskühlzeit
einfach

Zutaten

400 g **Brandteig** (siehe Seite 186)
500 ml **Sahne**
3 EL **Zucker**
1 Pkg. **Vanillezucker**

Weiteres

Staubzucker zum Bestreuen

Zubereitung

- Den Brandteig in einen Spritzsack mit Sterntülle füllen.
- Den Teig mit etwas Abstand als kleine Rosetten auf ein mit Backpapier belegtes Backblech spritzen.
- Im vorgeheizten Backofen bei **180 Grad** etwa **25 Minuten** backen und auskühlen lassen.

Fertigstellung

- Sahne mit Zucker und Vanillezucker steif schlagen.
- Die Bignès mit einem Sägemesser waagerecht teilen.
- Sahne in einen Spritzsack füllen und auf die Unterseite der Bignès spritzen.
- Deckel aufsetzen und mit Staubzucker bestreuen.

Tipps

- Achten Sie darauf, dass der Staubzucker nicht mit Weizenstärke gemischt ist.
- Sie können die Bignès auch mit einer Schokosahne oder einer Kugel Vanilleeis füllen.

JOGHURTMUFFINS

für 12 Stück
etwa 1 Stunde
einfach

Zutaten
3 **Eier**
200 g **Zucker**
10 g **Vanillezucker**
1 Msp. **Zitronenschale,** gerieben
1 Prise **Salz**
170 ml **Öl**
150 g **Naturjoghurt**
300 g **glutenfreies Kuchenmehl**
30 g **Buchweizenmehl**
1 Pkg. **Backpulver**

Weiteres
Staubzucker zum Bestreuen

Zubereitung

- Eier, Zucker, Vanillezucker, Zitronenschale und Salz mit dem Handrührgerät schaumig schlagen. Öl langsam dazugeben und weiter schlagen.
- Naturjoghurt unter die Eiermasse rühren.
- Mehl, Buchweizenmehl und Backpulver sieben und unter die Eier-Joghurt-Masse heben.
- Das Muffinblech mit den Muffinformen auslegen, bis zur Hälfte mit der Masse füllen und im vorgeheizten Backofen bei **180 Grad** etwa **40 Minuten** backen.
- Die Muffins auskühlen lassen, mit Staubzucker bestreuen und servieren.

Tipps

- Achten Sie darauf, dass das Buchweizenmehl nicht mit glutenhaltigem Getreide kontaminiert ist. Der Staubzucker darf nicht mit Weizenstärke gemischt sein und Vanillezucker und Backpulver müssen glutenfrei sein.
- Für Kindergeburtstage bestreichen Sie die Muffins mit geschmolzener Kuvertüre, und bestreuen Sie sie mit bunten Streuseln.

SCHOKOKUCHEN

für 1 Kuchenform (26 cm Ø)
etwa 1 Stunde
einfach

Zutaten

3 **Eiweiß**
1 Prise **Salz**
3 **Eigelb**
200 g **Zucker**
1 Msp. **Zitronenschale**
170 ml **Öl**
200 g **Sauerrahm**
110 g **Kakao**

Weiteres

Staubzucker zum Bestreuen

Zubereitung

- Eiweiß mit Salz steif schlagen.
- Eigelb, Zucker und Zitronenschale schaumig schlagen, langsam das Öl unterrühren.
- Sauerrahm und Kakao untermischen. Eiweiß vorsichtig unterheben.
- Die Masse in eine Kuchenform füllen und im vorgeheizten Backofen bei **160 Grad** etwa **30 Minuten** backen.
- Den Schokokuchen auskühlen lassen, aus der Kuchenform nehmen, mit Staubzucker bestreuen und servieren.

Tipps

- Achten Sie darauf, dass der Kakao glutenfrei und der Staubzucker nicht mit Weizenstärke gemischt ist.
- Servieren Sie dazu eine Zimtsahne.

WAFFELN

für etwa 50 Stück
etwa 1 Stunde
einfach

Zutaten
140 g **weiche Butter**
140 g **Zucker**
1 Prise **Salz**
1 Msp. **Zitronenschale,** gerieben
1 Pkg. **Vanillezucker**
3 **Eier**
2 EL **Milch**
1 EL **Rum**
140 g **glutenfreies Kuchenmehl**
1 Pkg. **Backpulver**

Weiteres
Öl zum Einfetten
Staubzucker zum Bestreuen

Zubereitung

- Weiche Butter, Zucker, Salz, Zitronenschale und Vanillezucker schaumig schlagen. Eier nach und nach einrühren und Milch und Rum untermischen.
- Mehl und Backpulver sieben und unter die Butter-Eier-Masse heben.
- Das Waffeleisen vorheizen und leicht mit Öl einfetten.
- Etwas Teig in die Mitte des Waffeleisens geben, Deckel schließen und Waffeln goldgelb backen.
- Die Waffeln auskühlen lassen, mit Staubzucker bestreuen und servieren.

Tipps

- Achten Sie darauf, dass der Staubzucker nicht mit Weizenstärke gemischt ist und Vanillezucker und Backpulver glutenfrei sind.
- Servieren Sie zu den Waffeln eine Kugel Vanilleeis oder eine beliebige Marmelade.

KARTOFFEL-MANDEL-KUCHEN

für 1 Backblech
etwa 1 Stunde
einfach

Zutaten
300 g **Kartoffeln**
4 **Eier**
200 g **Zucker**
1 Pkg. **Vanillezucker**
1 Prise **Salz**
100 g **Buchweizenmehl**
200 g **Mandeln,** gerieben
1 Pkg. **Backpulver**

Weiteres
Staubzucker zum Bestreuen

Zubereitung

- Kartoffeln schälen, in Stücke schneiden und in Salzwasser gar kochen. Noch heiß durch die Kartoffelpresse drücken und auskühlen lassen.
- Eier, Zucker, Vanillezucker und Salz schaumig schlagen.
- Mehl mit Mandeln, Backpulver und Kartoffeln vermengen und unter die Eiermasse heben.
- Die Masse gleichmäßig auf einem mit Backpapier belegten Backblech verstreichen und im vorgeheizten Backofen bei **180 Grad** etwa **30 Minuten** backen.
- Den Kuchen auskühlen lassen, in beliebig große Stücke schneiden und mit Staubzucker bestreuen.

Tipp

- Achten Sie darauf, dass Buchweizenmehl und Mandeln nicht mit glutenhaltigem Getreide kontaminiert sind. Der Staubzucker darf nicht mit Weizenstärke gemischt sein, und Vanillezucker und Backpulver müssen glutenfrei sein.

ZUCCHINIKUCHEN

für 1 Kuchenform (26 cm Ø)
etwa 1 Stunde
einfach

Zutaten
5 **Eiweiß**
1 Prise **Salz**
5 **Eigelb**
120 g **Zucker**
1 Pkg. **Vanillezucker**
1 Msp. **Zitronenschale,** gerieben
1 EL **Buchweizenmehl**
1 Pkg. **Backpulver**
250 g **Mandeln,** fein gemahlen
250 g **Zucchini,** grob geraspelt
1 TL **Zimt**

Weiteres
Staubzucker zum Bestreuen

Zubereitung

- Eiweiß und Salz steif schlagen.
- Eigelb, Zucker, Vanillezucker und Zitronenschale schaumig schlagen.
- Mehl und Backpulver sieben und zusammen mit Mandeln und Zucchini unter die Eigelbmasse heben.
- Zum Schluss Eiweiß vorsichtig unterheben.
- Die Masse in eine Kuchenform füllen und im vorgeheizten Backofen bei **180 Grad** etwa **40 Minuten** backen.
- Den Zucchinikuchen auskühlen lassen, aus der Kuchenform nehmen und mit Staubzucker bestreuen.

Variation

- **Karottenkuchen:** Ersetzen Sie die Zucchini durch grob geraspelte Karotten.

Tipp

- Achten Sie darauf, dass Mandeln und Buchweizenmehl nicht mit glutenhaltigem Getreide kontaminiert sind. Der Staubzucker darf nicht mit Weizenstärke gemischt sein, und Vanillezucker und Backpulver müssen glutenfrei sein.

SPITZBUBEN

für etwa 50 Stück
etwa 1½ Stunden + Ruhezeit
einfach

Zutaten
220 g **Butter**
220 g **Zucker**
4 **Eier**
1 Pkg. **Vanillezucker**
1 Msp. **Zitronenschale,** gerieben
1 Prise **Salz**
500 g **glutenfreies Kuchenmehl**
½ Pkg. **Backpulver**

Weiteres
Marillenmarmelade zum Füllen
Staubzucker zum Bestreuen

Zubereitung

- Butter und Zucker etwas cremig rühren.
- Eier, Vanillezucker, Zitronenschale und Salz unterrühren.
- Mehl und Backpulver vermischen, dazugeben und alles zu einem Teig verkneten. Diesen in eine Klarsichtfolie wickeln und im Kühlschrank etwa **1 Stunde** kalt stellen.
- Den Teig etwa 5 mm dick ausrollen.
- Böden und Ringe (gleiche Anzahl) ausstechen. Auf ein mit Backpapier belegtes Backblech setzen und im vorgeheizten Backofen bei **180 Grad** etwa **10 Minuten** backen.

Fertigstellung

- Die Kekse auskühlen lassen.
- Böden mit Marillenmarmelade bestreichen.
- Die Ringe mit Staubzucker bestreuen und auf die Böden setzen.

Tipps

- Achten Sie darauf, dass der Staubzucker nicht mit Weizenstärke gemischt ist und Vanillezucker, Backpulver und Kuvertüre glutenfrei sind.
- Für Schokoladenspitzbuben tauchen Sie die abgekühlten Ringe zur Hälfte in flüssige Kuvertüre.
- Die Spitzbuben in einer Dose kühl und trocken aufbewahren.

BUCHWEIZENSPITZBUBEN

für etwa 50 Stück
etwa 1½ Stunden + Ruhezeit
einfach

Zutaten

170 g **Butter**
100 g **Zucker**
1 **Ei**
1 **Eigelb**
1 Prise **Salz**
10 g **Vanillezucker**
1 Msp. **Zitronenschale,** gerieben
200 g **Buchweizenmehl**
100 g **glutenfreies Kuchenmehl**
45 g **Haselnüsse,** fein gerieben

Weiteres

Himbeermarmelade zum Füllen
Staubzucker zum Bestreuen

Zubereitung

- Butter, Zucker, Ei, Eigelb, Salz, Vanillezucker und Zitronenschale etwas cremig rühren.
- Buchweizenmehl, Kuchenmehl und Haselnüsse dazugeben und zu einem Teig verkneten. Diesen in eine Klarsichtfolie wickeln und für etwa **1 Stunde** im Kühlschrank kalt stellen.
- Den Teig etwa 5 mm dick ausrollen.
- Böden und Ringe (gleiche Anzahl) ausstechen. Auf ein mit Backpapier belegtes Backblech setzen und im vorgeheizten Backofen bei **180 Grad** etwa **10 Minuten** backen.

Fertigstellung

- Die Kekse auskühlen lassen.
- Böden mit Himbeermarmelade bestreichen, die Ringe mit Staubzucker bestreuen und auf die Böden setzen.

Tipp

- Die Spitzbuben können auch mit einer Nuss-Nugat-Creme gefüllt werden.

LINZER SPITZBUBEN

für etwa 35 Stück
etwa 2 Stunden + Ruhezeit
einfach

Zutaten
150 g **Butter**
80 g **Staubzucker**
1 **Ei**
1 Prise **Salz**
1 Msp. **Zitronenschale,** gerieben
10 g **Vanillezucker**
200 g **glutenfreies Kuchenmehl**
100 g **Mandeln,** fein gerieben
1 TL **Zimt**
1 Msp. **Nelkenpulver**

Weiteres
Johannisbeergelee zum Füllen
Staubzucker zum Bestreuen

Zubereitung

- Butter, Staubzucker, Ei, Salz, Zitronenschale und Vanillezucker etwas cremig rühren.
- Mehl, Mandeln, Zimt und Nelkenpulver dazugeben und alles zu einem Teig verkneten. Diesen in eine Klarsichtfolie wickeln und im Kühlschrank etwa **30 Minuten** kalt stellen.
- Den Teig etwa 5 mm dick ausrollen.
- Böden und Ringe (gleiche Anzahl) ausstechen. Auf ein mit Backpapier belegtes Backblech setzen und im vorgeheizten Backofen bei **180 Grad** etwa **10 Minuten** backen.

Fertigstellung

- Die Kekse auskühlen lassen.
- Böden mit Johannisbeergelee bestreichen, die Ringe mit Staubzucker bestreuen und auf die Böden setzen.

Tipp

- Achten Sie darauf, dass der Staubzucker nicht mit Weizenstärke gemischt ist und Mandeln und Vanillezucker glutenfrei sind.
- Bewahren Sie die Böden und Ringe ungefüllt in einer Dose auf, und bestreichen Sie die Böden erst kurz vor dem Servieren mit Johannisbeergelee. So bleiben die Spitzbuben mürbe.

MANDELSPLITTER

für etwa 35 Stück
etwa 30 Minuten
einfach

Zutaten
200 g **Mandelstifte**
400 g **weiße Kuvertüre**
2 EL **Sultaninen**
1 TL **Zimt**
1 Msp. **Orangenschale**

Zubereitung

- Mandelstifte auf einem Backblech ausbreiten und im Backofen bei **160 Grad** leicht braun rösten.
- Kuvertüre in eine Schüssel geben und im warmen Wasserbad schmelzen lassen. Ausgekühlte Mandelstifte, Sultaninen, Zimt und Orangenschale dazugeben und alles gut verrühren.
- Mit einem Teelöffel kleine Häufchen formen und auf Backpapier auskühlen lassen.

Variation

- Cornflakes-Häufchen**:** Verwenden Sie anstelle der Mandelsplitter Cornflakes und Vollmilchschokolade statt Kuvertüre.

Tipps

- Achten Sie darauf, dass Mandelstifte, Sultaninen, Kuvertüre und Cornflakes glutenfrei sind.
- Die Mandelsplitter in einer Dose kühl und trocken aufbewahren.

RUMKUGELN

für etwa 50 Stück
etwa 1 Stunde
einfach

Zutaten
200 g **Bitterkuvertüre**
300 g **Haselnüsse**
200 g **Staubzucker**
2–3 EL **Rum**

Weiteres
Schokostreusel zum Wälzen

Zubereitung

- Bitterkuvertüre in eine Schüssel geben und im warmen Wasserbad schmelzen.
- Haselnüsse fein reiben und in einer Schüssel mit Staubzucker und Rum vermischen.
- Geschmolzene Kuvertüre dazugeben und alles gut verrühren.
- Aus der Masse mit feuchten Händen kleine Kugeln formen, in Schokostreuseln wälzen und an einem kühlen Ort trocknen lassen.

Tipps

- Achten Sie darauf, dass Kuvertüre, Haselnüsse, Schokostreusel, Kakao und Kokosflocken glutenfrei sind. Der Staubzucker darf nicht mit Weizenstärke gemischt sein.
- Rumkugeln können auch in Zucker oder Kakao gewälzt werden.
- Verwenden Sie als Alternative weiße Kuvertüre, und rollen Sie die Rumkugeln in Kokosflocken.
- Die Rumkugeln in einer Dose kühl und trocken aufbewahren.

SCHOKOBÄLLCHEN

für etwa 100 Stück
etwa 1½ Stunden + Ruhezeit
einfach

Zutaten

50 g **Bitterkuvertüre**
180 g **kalte Butter**
100 g **Staubzucker**
250 g **glutenfreies Kuchenmehl**
100 g **Mandeln,** gerieben
2 EL **Kakaopulver**
10 g **Vanillezucker**
1 Msp. **Zitronenschale,** gerieben
1 Prise **Salz**
½ TL **Muskatnuss,** gerieben

Weiteres

Bitterkuvertüre zum Verzieren

Zubereitung

- Bitterkuvertüre fein reiben.
- Butter in kleine Würfel schneiden.
- Staubzucker, Mehl, Mandeln, Kakaopulver, Vanillezucker, Zitronenschale, Salz und Muskatnuss vermischen.
- Bitterkuvertüre und Butter dazugeben und zu einem Teig verkneten.
- Daraus zwei Rollen formen, in Klarsichtfolie wickeln und im Kühlschrank etwa **30 Minuten** kalt stellen.
- Jede Rolle in etwa 30 Scheiben schneiden und daraus Bällchen formen.
- Auf ein mit Backpapier belegtes Backblech setzen und im vorgeheizten Backofen bei **180 Grad** etwa **15 Minuten** backen.

Fertigstellung

- Bitterkuvertüre in eine Schüssel geben und im warmen Wasserbad schmelzen.
- In eine Spritztüte füllen und die Kekse mit Querstreifen garnieren.

Tipp

- Achten Sie darauf, dass Kuvertüre, Mandeln und Kakao glutenfrei sind. Der Staubzucker darf nicht mit Weizenstärke gemischt sein.

LEBKUCHEN

für etwa 40 Stück
etwa 1½ Stunden + Ruhezeit
einfach

Zutaten
125 g **Buchweizenmehl**
250 g **Mix C von Schär**
150 g **Honig**
100 g **Zucker**
1 **Ei**
2 **Eigelb**
100 g **Butter**
10 g **Natron**
1 EL **Lebkuchengewürz**
1 Prise **Salz**

Weiteres
Milch zum Bestreichen der Kekse

Zubereitung

- Alle Mehle, Honig, Zucker, Ei, Eigelb, Butter, Natron, Lebkuchengewürz und Salz zu einem Teig verkneten. Diesen in eine Klarsichtfolie wickeln und im Kühlschrank **3½ Stunden** kalt stellen.
- Den Teig etwa 1 cm dick ausrollen und beliebige Kekse ausstechen.
- Die Lebkuchenkekse auf ein mit Backpapier belegtes Backblech setzen, mit der Milch leicht bepinseln und im vorgeheizten Backofen bei **180 Grad** etwa **10 Minuten** backen.
- Die ausgekühlten Kekse in eine Dose füllen und eine Orange dazugeben, so bleiben die Lebkuchenkekse schön weich.

Tipps

- Achten Sie darauf, dass das Buchweizenmehl und das Lebkuchengewürz nicht mit glutenhaltigem Getreide kontaminiert sind.
- Sie können auf die bepinselten Lebkuchenkekse auch eine geschälte Mandel auflegen und dann im vorgeheizten Backofen backen.

KAROTTENLEBKUCHEN

für etwa 60 Stück
etwa $1\frac{1}{2}$ Stunden + Ruhezeit
einfach

Zutaten
5 **Eier**
80 g **Zucker**
1 Prise **Salz**
1 Msp. **Zitronenschale,** gerieben
10 g **Vanillezucker**
200 g **glutenfreies Kuchenmehl**
300 g **Mandeln,** gerieben
130 g **Karotten,** fein geraspelt
25 g **Zitronat**
25 g **Orangeat**
10 g **Lebkuchengewürz**
1 TL **Backpulver**

Weiteres
glutenfreie Backoblaten
Bitterkuvertüre zum Glasieren

Zubereitung

- Eier, Zucker, Salz, Zitronenschale und Vanillezucker schaumig schlagen.
- In einer Schüssel Mehl, Mandeln, Karotten, Zitronat, Orangeat, Lebkuchengewürz und Backpulver vermischen und unter die Eiermasse rühren. Diese etwa **1 Stunde** kalt stellen.
- Backoblaten auf ein Backblech verteilen.
- Auf jede Backoblate einen gehäuften Teelöffel Teig geben und im vorgeheizten Backofen bei **180 Grad** etwa **25 Minuten** backen.

Fertigstellung

- Bitterkuvertüre im Wasserbad schmelzen und die Oberseite der Kekse darin glasieren.
- Auf Backpapier verteilen und die Kuvertüre trocknen lassen.

Tipps

- Achten Sie darauf, dass Orangeat, Zitronat und Mandeln nicht mit glutenhaltigem Getreide kontaminiert und Vanillezucker und Backpulver glutenfrei sind.
- Sie können die gebackenen Kekse mit einem Pinsel mit geschmolzener Kuvertüre bestreichen.
- Karottenlebkuchen in einer Dose mit einer Orange oder einem Apfel kühl aufbewahren.

VANILLEKIPFERLN

für etwa 30 Stück
etwa 1½ Stunden + Ruhezeit
einfach

Zutaten
200 g **Butter**
120 g **Zucker**
3 **Eigelb**
20 g **Vanillezucker**
1 Prise **Salz**
250 g **glutenfreies Kuchenmehl**
100 g **Mandeln,** gerieben
25 g **Haselnüsse,** gerieben
1 Msp. **Zitronenschale,** gerieben

Weiteres
Zucker und Vanillezucker zum Wälzen

Zubereitung

- Butter, Zucker, Eigelb, Vanillezucker und Salz etwas cremig rühren.
- Mehl, Mandeln, Haselnüsse, Zitronenschale mischen und zusammen mit der Butter-Eigelb-Masse zu einem Teig verkneten. In Klarsichtfolie wickeln und etwa **1 Stunde** im Kühlschrank kalt stellen.
- Aus dem Teig eine Rolle formen, diese in kleine Stücke schneiden und daraus Kipferln formen.
- Auf ein mit Backpapier belegtes Backblech setzen und im vorgeheizten Backofen bei **180 Grad** etwa **10 Minuten** backen.
- Zucker und Vanillezucker gut vermischen und die noch warmen Kipferln darin wälzen.

Tipps

- Achten Sie darauf, dass Mandeln und Haselnüsse nicht mit glutenhaltigem Getreide kontaminiert sind und der Vanillezucker glutenfrei ist.
- Vanillekipferln in einer Dose kühl und trocken aufbewahren.

KLOSTERKIPFERLN

für etwa 50 Stück
etwa 1½ Stunden + Ruhezeit
einfach

Zutaten
100 g **Butter**
50 g **Zucker**
1 **Ei**
1 Msp. **Zitronenschale,** gerieben
1 Prise **Salz**
10 g **Vanillezucker**
140 g **glutenfreies Kuchenmehl**
90 g **Mandeln,** gerieben
40 g **Kakao**

Weiteres
weiße Kuvertüre zum Glasieren
Kokosflocken

Zubereitung

- Butter, Zucker, Ei, Zitronenschale, Salz und Vanillezucker etwas cremig rühren.
- Mehl, Mandeln und Kakao dazugeben und alles zu einem Teig verkneten. In Klarsichtfolie wickeln und etwa **30 Minuten** im Kühlschrank kalt stellen.
- Aus dem Teig zwei Rollen formen, diese in kleine Stücke schneiden und daraus Kipferln formen. Auf einem mit Backpapier belegten Backblech gleichmäßig verteilen, im vorgeheizten Backofen bei **180 Grad** etwa **10 Minuten** backen und auskühlen lassen.

Fertigstellung

- Weiße Kuvertüre in eine Schüssel geben und im warmen Wasserbad schmelzen. Die Spitzen der Klosterkipferln darin tauchen und in den Kokosflocken wenden.
- Auf Backpapier setzen und die Kuvertüre trocknen lassen.

Tipps

- Achten Sie darauf, dass Vanillezucker, Mandeln, Kakao, Kuvertüre und Kokosflocken glutenfrei sind.
- Klosterkipferln in einer Dose kühl und trocken aufbewahren.

KOKOSMAKRONEN

für etwa 30 Stück
etwa 1 Stunde + Ruhezeit
einfach

Zutaten
4 **Eiweiß**
200 g **Zucker**
1 Prise **Salz**
200 g **Kokosflocken**
1 Msp. **Zimt**
1 TL **Honig**

Zubereitung
- Eiweiß, Zucker und Salz steif schlagen.
- Kokosflocken, Zimt und Honig untermischen.
- Die Masse in einen Kochtopf geben und bei geringer Hitze **1–2 Minuten** abrösten.
- Die Masse etwas auskühlen lassen und mit einem Löffel kleine Häufchen auf ein mit Backpapier belegtes Backblech setzen. Etwa **30 Minuten** ruhen lassen.
- Im vorgeheizten Backofen bei **160 Grad** etwa **20 Minuten** backen.

Tipps
- Achten Sie darauf, dass die Kokosflocken glutenfrei sind.
- Die Masse lässt sich gut mithilfe eines Spritzsacks mit Lochhülle aufspritzen.
- Kokosmakronenmasse kann auch auf glutenfreien Backoblaten verteilt werden.
- Ausgekühlte Makronen in einer Dose kühl und trocken aufbewahren.

HASELNUSSMAKRONEN

für etwa 50 Stück
etwa 1 Stunde + Ruhezeit
einfach

Zutaten

6 **Eiweiß**
380 g **Zucker**
1 Prise **Salz**
400 g **Haselnüsse,** gerieben
1 EL **glutenfreies Kuchenmehl**
1 Msp. **Zimt**
1 Msp. **Zitronenschale,** gerieben
1 Pkg. **Vanillezucker**

Zubereitung

- Eiweiß, Zucker und Salz steif schlagen.
- Haselnüsse, Mehl, Zimt, Zitronenschale und Vanillezucker unter das geschlagene Eiweiß heben.
- Die Masse in einen Kochtopf geben und bei geringer Hitze **1–2 Minuten** abrösten.
- Die Makronenmasse etwas auskühlen lassen und mit einem Löffel kleine Häufchen auf ein mit Backpapier belegtes Backblech setzen.
- Etwa **30 Minuten** ruhen lassen und anschließend im vorgeheizten Backofen bei **160 Grad** etwa **20 Minuten** backen.

Tipps

- Achten Sie darauf, dass die Haselnüsse nicht mit glutenhaltigem Getreide kontaminiert sind und die Kuvertüre glutenfrei ist.
- Tauchen Sie die Haselnussmakronen zur Hälfte in geschmolzene Kuvertüre.
- Haselnussmakronenmasse kann auch auf glutenfreien Backoblaten verteilt werden.
- Ausgekühlte Haselnussmakronen in einer Dose kühl und trocken aufbewahren.

AVOCADO-DIP

für etwa 100 g
etwa 15 Minuten
einfach

Zutaten

1 **reife Avocado**
1 **gekochtes Ei**
1 EL **Zitronensaft**
1 EL **Schnittlauch,** geschnitten
Salz
Pfeffer

Zubereitung

- Avocado schälen und mit einer Gabel etwas zerdrücken.
- Ei schälen und in kleine Würfel schneiden.
- Avocado, Ei, Zitronensaft und Schnittlauch in einer Schüssel gut verrühren.
- Mit Salz und Pfeffer würzen.

Tipp

- Avocado-Dip passt gut zu frisch gebackenem Brot.

KETCHUP

für 2 Flaschen à 250 ml
etwa 2 Stunden
einfach

Zutaten

1 kg **Tomaten**
½ **Zwiebel**
2 **Knoblauchzehen**
30 g **getrocknete Tomaten**
50 ml **Apfelessig**
30 g **Agavendicksaft** (evtl. Zucker)
1½ TL **Paprikapulver**
1 Msp. **Muskatnuss**
1 Msp. **Zimt**
Salz
Pfeffer

Zubereitung

- Tomaten waschen und in kleine Würfel schneiden.
- Zwiebel und Knoblauch schälen und klein schneiden.
- In einem Kochtopf Tomaten, Zwiebel- und Knoblauchwürfel, getrocknete Tomaten, Apfelessig, Agavendicksaft, Paprikapulver, Muskatnuss und Zimt etwa **1 Stunde** leicht köcheln lassen.
- Alles durch ein feines Sieb streichen.
- Mit Salz und Pfeffer abschmecken und etwa **30 Minuten** leicht köcheln lassen, bis der Ketchup die richtige Konsistenz hat.
- Heiß in sterile Flaschen abfüllen, gut verschließen und auskühlen lassen.

WILDKRÄUTER-QUARK-DIP

für etwa 200 g
etwa 15 Minuten
einfach

Zutaten
200 g **Quark**
1 EL **Zitronensaft**
1 EL **Bachkresse**
1 EL **Knoblauchsrauke**
1 EL **Löwenzahnblätter**
1 EL **Gundelrebe**
1 EL **Wiesenkerbel**
Salz
Pfeffer

Zubereitung

- Quark mit Zitronensaft in einer Schüssel gut verrühren.
- Alle Wildkräuter waschen, trocken tupfen, fein hacken und unterrühren.
- Mit Salz und Pfeffer abschmecken.

Tipps

- Wildkräuter-Quark-Dip passt gut zu frisch gebackenem Brot oder Pellkartoffeln.
- Anstelle der Wildkräuter können Sie auch Gartenkräuter verwenden.

SAUERRAHM-JOGHURT-DIP

für etwa 250 g
etwa 15 Minuten
einfach

Zutaten
½ Bund **Schnittlauch**
½ Bund **Petersilie**
200 g **Sauerrahm**
125 g **Naturjoghurt**
Salz
Pfeffer

Zubereitung

- Schnittlauch und Petersilie fein hacken.
- In einer Schüssel Sauerrahm und Joghurt verrühren.
- Schnittlauch und Petersilie unterrühren.
- Mit Salz und Pfeffer abschmecken.

Tipp

- Sauerrahm-Joghurt-Dip passt gut zu Kartoffelpuffer oder Pellkartoffeln.

SCHOKOLADENCREME

für 2 kleine Gläser
etwa 30 Minuten
einfach

Zutaten
120 g **Bitterschokolade,** klein gehackt
60 g **Butter**
110 ml **Milch**
100 g **Staubzucker**
50 g **Haselnüsse,** gerieben

Zubereitung

- Bitterschokolade und Butter mit Milch in einem Topf bei geringer Hitze langsam schmelzen lassen.
- Staubzucker und Haselnüsse dazugeben und gut verrühren.
- Alles etwa **5 Minuten** leicht köcheln lassen.
- Schokoladencreme in Gläser füllen, auskühlen lassen und im Kühlschrank aufbewahren.

Tipps

- Achten Sie darauf, dass die Haselnüsse nicht mit glutenhaltigem Getreide kontaminiert sind. Der Staubzucker darf nicht mit Weizenstärke gemischt sein.
- Schokoladencreme passt gut zu frisch gebackenem Brot.

SCHOKOAUFSTRICH

WILDHEFE

für 1 Schraubglas (1 l)
10 Minuten + Ruhezeit
einfach

Zutaten
1 l **Wasser**
2 **Datteln,** ungeschwefelt
1 EL **braunen Zucker**

Zubereitung

- Wasser, Datteln und Zucker in ein steriles Schraubglas füllen.
- Für **6–9 Tage** an einem warmen Ort **(20–25 Grad)** stehen lassen. Das Glas ein- bis zweimal täglich öffnen, damit der Druck entweichen kann.

Tipp

- Die Wildhefe kann man sehr gut für Pizzateige und Brotteige verwenden, hierfür die Hefe weglassen und die angegebene Wassermenge durch Wildhefewasser ersetzen. Die Teige benötigen allerdings eine längere Aufgehzeit. Ratsam ist es, diesen am Tag vorher zu machen und bei Raumtemperatur aufgehen zu lassen.

Teige

BRANDTEIG

für etwa 400 g
etwa 30 Minuten
mittel

Zutaten
110 g **Butter**
150 ml **Wasser**
100 ml **Milch**
1 Prise **Salz**
150 g **glutenfreies Mehl**
4 **Eier**

Zubereitung

- Butter in kleine Stücke schneiden.
- Mit Wasser, Milch und Salz in einem Topf aufkochen lassen. Mehl rasch dazugeben und so lange verrühren, bis sich der Teig vom Topfboden löst. Etwas auskühlen lassen.
- Den Teig in eine saubere Schüssel geben, mit dem Handrührgerät verrühren und langsam die Eier unterrühren. Der Teig sollte leicht klebrig sein.
- Die Masse in einen Spritzsack füllen und nach Belieben weiterverarbeiten.

STRUDELTEIG

für etwa 300 g
etwa 15 Minuten + Ruhezeit
einfach

Zutaten
100 g **Butter**
180 g **Topfen**
150 g **Mix B von Schär**
Salz

Zubereitung

- Butter in kleine Würfel schneiden und in einer Schüssel zusammen mit Topfen, Mehl und Salz rasch zu einem Teig verkneten.
- Den Teig in Klarsichtfolie wickeln und im Kühlschrank etwa **1 Stunde** kalt stellen.

QUARKBLÄTTERTEIG

für etwa 700 g
etwa 30 Minuten + Ruhezeit
sehr aufwändig

Zutaten
250 g **Magertopfen**
250 g **Butter**
200 g **helles, glutenfreies Brotmehl**
50 g **Buchweizenmehl**
1 TL **Backpulver**
½ TL **Salz**

Zubereitung

- Magertopfen gut abtropfen.
- Butter in kleine Stücke schneiden.
- In einer Schüssel Mehl, Buchweizenmehl, Backpulver und Salz verrühren. Zusammen mit dem Topfen und der Butter zu einem Teig verkneten.
- Die Herstellung des Teiges benötigt vier Touren.
- Für die erste einfache Tour wird der Teig zu einem Rechteck ausgerollt. Ein Drittel des Teiges zur Mitte falten und das andere Drittel darüberklappen, sodass drei Schichten entstehen. Den Teig etwa **30 Minuten** ruhen lassen.
- Für die zweite doppelte Tour Teig zu einem Rechteck ausrollen. Rechte und linke Seite zur Mitte falten und die Hälfte des Teiges über die andere Hälfte lappen. Den Teig wieder etwa **30 Minuten** ruhen lassen.
- Es folgt nochmals eine dritte einfache Tour – Ruhezeit – und zum Schluss eine vierte doppelte Tour.
- Den Teig weitere **30 Minuten** ruhen lassen und weiterverarbeiten.

Tipp

- Achten Sie darauf, dass das Buchweizenmehl nicht mit glutenhaltigem Getreide kontaminiert ist. Das Backpulver muss glutenfrei sein.

Teige

NUDELTEIG

für etwa 500 g
etwa 15 Minuten + Ruhezeit
einfach

Zutaten

500 g **glutenfreies Nudelmehl**
4 **Eier**
10 g **Salz**
1 EL **Olivenöl**
etwas Wasser

Zubereitung

- Mehl auf ein Nudelbrett geben und in die Mitte eine Mulde drücken.
- Eier, Salz, Olivenöl und Wasser in die Mulde geben und alles zu einem glatten Teig verkneten.
- Den Teig in Klarsichtfolie wickeln und im Kühlschrank etwa **30 Minuten** kalt stellen.

PIZZATEIG

für 1 Backblech (250 g)
20 Minuten + Ruhezeit
einfach

Zutaten

200 ml **lauwarmes Wasser**
10 g **Trockenhefe**
1 Prise **Zucker**
250 g **glutenfreies Brotmehl**
1 EL **Olivenöl**
Salz

Zubereitung

- 50 ml Wasser, Trockenhefe und Zucker gut verrühren und etwas gehen lassen.
- In einer Schüssel Mehl, restliches Wasser, Olivenöl, Salz und Hefe-Wasser-Gemisch rasch zu einem Teig verkneten. Diesen etwa **3 Minuten** gut durchkneten.
- Den Teig etwa **1 Stunde** an einem warmen Ort gehen lassen.

Tipp

- Achten Sie darauf, dass die Trockenhefe glutenfrei ist.

SAUERRAHMTEIG

für 1 Backblech (250 g)
15 Minuten + Ruhezeit
einfach

Zutaten

125 g **Butter**
120 g **Sauerrahm**
200 g **Mix B von Schär**
1 Prise **Salz**

Zubereitung

- Butter in kleine Stücke schneiden
- In einer Schüssel Butter, Sauerrahm, Mehl und Salz zu einem glatten Teig verkneten.
- Den Teig in Klarsichtfolie wickeln und **1 Stunde** kalt stellen.

SAUERTEIG

für etwa 550 g
15 Minuten + 4 Tage Ruhezeit
einfach

Zutaten

150 ml **lauwarmes Wasser**
150 ml **Buttermilch**
150 g **glutenfreies Mehl**

Zubereitung

- **1. Tag:** 50 ml Wasser, 50 ml Buttermilch und 50 g Mehl in einer Holzschüssel gut verrühren, zugedeckt an einem warmen Ort stehen lassen.
- **2. Tag:** 50 ml Wasser, 50 ml Buttermilch und 50 g Mehl zur Säure vom Vortag geben, alles gut verrühren und an einem warmen Ort stehen lassen.
- **3. Tag:** 50 ml Wasser, 50 ml Buttermilch und 50 g Mehl zur Säure von den vorigen Tagen geben, alles gut verrühren und an einem warmen Ort stehen lassen.
- **Am vierten Tag** kann man den Sauerteig weiterverarbeiten.

Bibliografische Information der Deutschen Nationalbibliothek
Die Deutsche Nationalbibliothek verzeichnet diese Publikation in der Deutschen Nationalbibliografie; detaillierte bibliografische Daten sind im Internet abrufbar: http://dnb.d-nb.de

Bildnachweis
Verena Breitenberger: 10
Günther Pichler: Umschlag, 31, 33, 45, 111, 129, 155, 165, 183
stock.adobe.com: 4/5 (9dreamstudio), 8 (Maksim Kostenko), 12 (guukaa), 12/13 (anaumenko), 14 (mizina), 15 (Monstar Studio), 16 (Lucky Dragon USA), 19 (vladdeep), 22/23 (Alexander Raths), 42/43 (Chaechaebyv), 184/185 (ChristArt), 190/191 (Gajus)
Alle übrigen Aufnahmen stammen von **Karin Miribung**

1. Auflage 2022

Design & Layout: Athesia-Tappeiner Verlag
Bildbearbeitung: Typoplus, Frangart
Druck: Athesia Druck, Bozen
Papier: Innenteil und Vorsatz Offset weiß

Gesamtkatalog unter
www.athesia-tappeiner.com

Fragen und Hinweise bitte an
buchverlag@athesia.it

ISBN 978-88-6839-636-7
ISBN 978-88-6839-646-6 (e-Book)

MIX
Papier aus verantwortungsvollen Quellen
FSC® C010042
FSC www.fsc.org

Dieses Buch wurde der Umwelt zuliebe nicht mit einer Schutzfolie eingeschweißt.

designed + produced
IN SÜDTIROL